손끝으로 치는 한국다회 DIY

백 지 선

채 화 원 　CHAECIE

'손끝으로 치는 한국다회 DIY'는
대한민국 전통공예의 계승과 발전을 위해 연구·개발되었습니다.
이 책을 통해 전통다회가 다양한 분야에 접목·활용될 수 있기를 바랍니다.

들 어 가 며

한국전통다회는 수려한 심미성과 조형미를 담고 있는 우리의 전통 끈입니다. 역사와 함께하는 소중한 문화유산으로 문화사, 생활사, 복식사가 녹아있는 산물이며, 과거에는 다양한 다회가 복식과 생활·의례용품 등에 사용되었습니다.

국내·외 많은 유물이 현존하지만 다수의 다회 기법은 명맥이 끊겼고 소수의 기법이 매듭장을 비롯한 일부 장인에 의해 전승되고 있습니다. 책에 수록된 다회는 무형문화재 매듭장에 의해 전승되고 있는 기법과 유물을 바탕으로 복원·재현된 기법을 도식화 하였습니다.

이 책은 누구나 쉽게 다회를 학습하고 현대 디자인으로 활용하는데 목적을 두었습니다. 다회의 기본 기법을 배우고 다양한 다회를 제작함으로써 자연스럽게 우리의 전통다회에 대해 배울 수 있습니다. 차후 한국전통공예에 대한 연구를 지속적으로 진행하여 책의 내용은 수정·보완될 수 있습니다.

◆ '손끝으로 치는 한국다회 DIY'는 한국전통다회의 제작기법을 담은 전통다회 입문서입니다.

◆ 다회는 형태에 따라 원다회와 광다회로 구분되며, 제작에 사용되는 올의 수에 따라 '-사(絲) 다회'라고 합니다.

◆ 다회의 특성과 제작원리를 고려하여 효과적으로 학습할 수 있도록 책의 순서를 구성하였습니다.

□ 4사 원다회

■ 8사 원다회

16사 원다회

12사 광다회

16사 광다회

일 러 두 기

◆ 책에 수록된 목차의 순서대로 내용을 충분히 숙지하고 다회를 제작하세요.

◆ 완성된 다회의 굵기와 길이는 제작자와 제작환경에 따라 다소 차이가 있을 수 있습니다.

◆ 그림에 표기된 길이 및 크기는 실제와 같지 않고 비례하여 축소·확대하지 않았으며, 위치와 크기를 임의로 표시한 것이므로 수치를 정확히 확인하세요.

◆ 다회 제작에는 유물을 기반으로 연구·개발된 원다회틀과 광다회틀을 사용하였습니다.

◆ 다회 제작에는 인견사(색사720D/2합, 금·은사150D/6합), 소품 제작에는 인견사와 금·은사 끈목(1 mm와 0.7 mm 정도)을 사용하였습니다.

◆ 소품 제작 전 필요한 기능은 부록(전통매듭기법, 마무리방법)을 참고하여 숙지하시길 권장합니다.

◆ 소품 제작 시 각 단계는 빨강 기호로 표시하였으며 설명을 참고하여 확인하세요.

◆ 소품 제작에 사용된 전통매듭은 옭(ΙΝΝ), 도래(✕), 생쪽(○), 연봉(⊗), 가락지(◎), 나비날개(◉), 잠자리날개(━#━), 동심결(━□━), 안경(▣), 국화(✾), 고리(ㅍ), 외줄도래매듭입니다.

◆ 소품 제작 시 한지, 풀, 바느질실, 바늘, 송곳 등이 필요합니다.

용 어 사 전

◆ 책에서 사용된 단어의 의미를 정리한 것으로 사전의 정의와 다소 차이가 있을 수 있습니다.

◆ 끈　　　　　　엮어 모양을 만들거나 묶을 수 있는 가늘고 긴 물건

◆ 끈목　　　　　매듭을 맺기 위해 여러 올의 실을 합하여 짠 끈

◆ 눈　　　　　　다회에서 올이 교차되며 만들어진 형태

◆ 다회　　　　　여러 올(가닥)의 비단실을 손으로 엮어 짠 끈

◆ 다회틀　　　　다회를 치는 기구

◆ 다회치기　　　다회를 제작하는 행위

◆ 원다회(동다회)　단면이 둥근 형태의 다회

◆ 광다회　　　　단면이 각진 형태의 다회

◆ -사(絲)　　　　다회를 구성하는 올의 수

◆ 심지　　　　　다회틀의 상판 중앙에 위치하는 회전축

◆ 심지 공간　　　다회 제작 시 심지가 있던 자리로 완성된 다회에 생기는 빈 공간

◆ 올　　　　　　다회를 치기 위해 토짝에 감은 실 또는 다회를 구성하는 실

◆ 좌사　　　　　반시계방향(↺)으로 회전하는 올

◆ 우사　　　　　시계방향(↻)으로 회전하는 올

◆ 토짝　　　　　다회 치는 실을 감는 장구 형태의 도구

◆ 합(합사)　　　여러 가닥의 실을 합한 실 또는 합하는 행위

7

목   차

다회

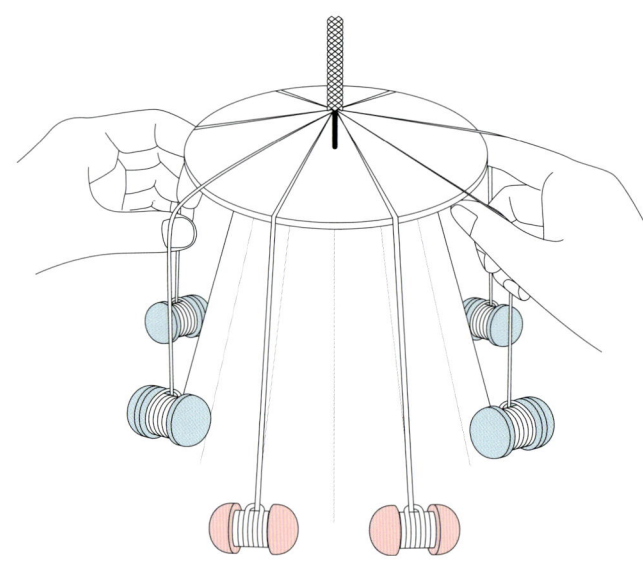

원다회는
단면이 둥근 형태의 끈으로 제작에 사용되는 올의 수에 따라 '4사, 8사, 16사(絲) 원다회' 등으로 불립니다.
과거에는 주로 단색으로 제작되어 유소, 노리개, 주머니끈 등으로 사용되었습니다.

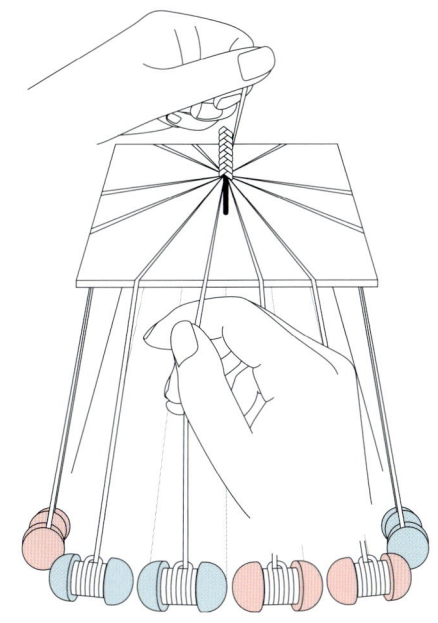

광다회는

원다회에 비해 폭이 넓고 단면이 사각형 형태의 끈으로 제작에 사용되는 올의 수에 따라 '12사, 16사(絲) 광다회' 등으로 불립니다. 과거에는 주로 단색으로 제작되어 도검, 호패 등 물건을 패용하는 용도로 사용되었습니다.

다 회 의 형 태

다회는 여러 가닥의 실이 심지를 중심으로 회전하며 제작되는 끈으로 반시계방향으로 회전하는 좌사와 시계방향으로 회전하는 우사가 서로 교차되어 위쪽 방향으로 늘어나며 짜여요. 원다회는 원기둥 형태, 광다회는 사각기둥 형태의 끈이며 다회의 중심에는 심지 공간이 있어요. 원다회는 용도에 따라 심지 공간에 끈이나 실로 속심을 넣어 제작하기도 해요. 다회의 굵기, 조밀도, 눈 형태 등은 합사 수, 올의 수, 심지의 굵기, 토짝의 무게, 다회틀의 형태, 제작환경, 제작자의 숙련도 등에 따라 차이가 있어요.

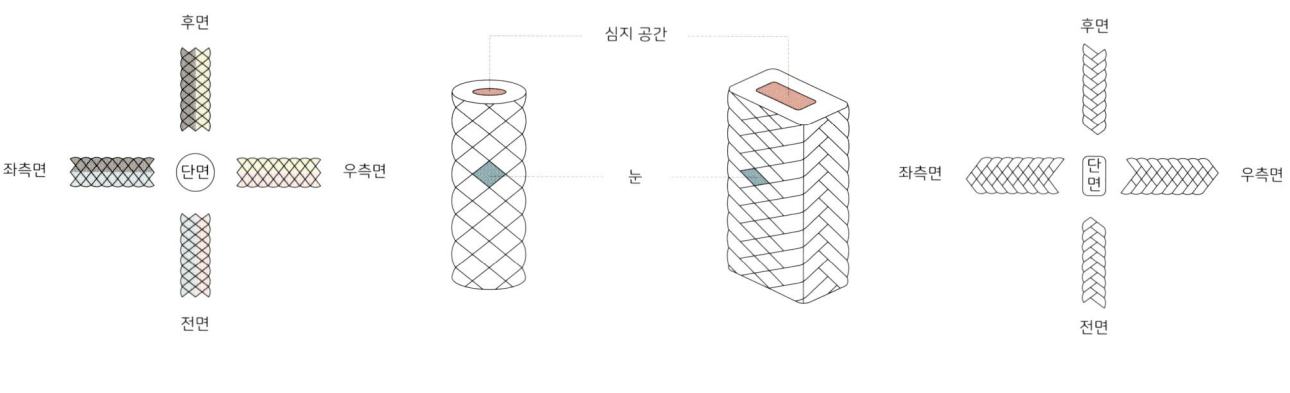

8사 원다회

12사 광다회

다 회 틀 과 토 짝

다회틀은 다회를 제작하기 위한 기구이며, 일반적으로 하판, 몸판, 상판, 심지로 구분돼요. 토짝은 실을 감아 사용하는 장구 형태의 실패로 다회를 칠 때 토짝에 감은 실을 다회틀에 얹어 사용해요. 다회의 종류에 따라 상판 크기와 심지 굵기, 토짝 무게 등을 달리하고, 원다회 제작 시에는 둥근 상판과 둥근 심지, 광다회 제작 시에는 사각 상판과 좌우측면의 너비가 넓은 심지를 사용해요.

심지
상판

실

토짝

몸판

하판

원다회틀   광다회틀

제 작 과 정

◆ 요약
다회의 용도에 맞춰 실의 굵기와 색상을 정해 필요한 길이로 실을 나르고 합사해요. 합사한 실을 토짝에 감고 다회틀에 얹어 배열해요. 토짝에 감은 실을 내리고 올을 이동해서 다회를 쳐요. 짜인 다회는 1 ~ 2.5 cm 정도 위로 올려 공간을 마련하고 계속해서 다회를 쳐요. 완성된 다회는 심지에서 빼내 마무리해요.

실	▶	토짝	▶	다회틀	▶	다회

실 나르기　　　　　　실 감기　　　　　　배열하기　　　　　　마무리하기
합사하기　　　　　　실 얹기　　　　　　실 내리기
　　　　　　　　　　　　　　　　　　　다회치기
　　　　　　　　　　　　　　　　　　　다회 올리기

1. 실 나르고 합사하기
두 개의 막대를 필요한 실 길이로 띄우고 한쪽 막대에 실을 묶어요. 합사 수 만큼 두 개의 막대를 오가며 실을 날라요. 나른 실을 자르고 한쪽 끝을 토짝에 묶어요.

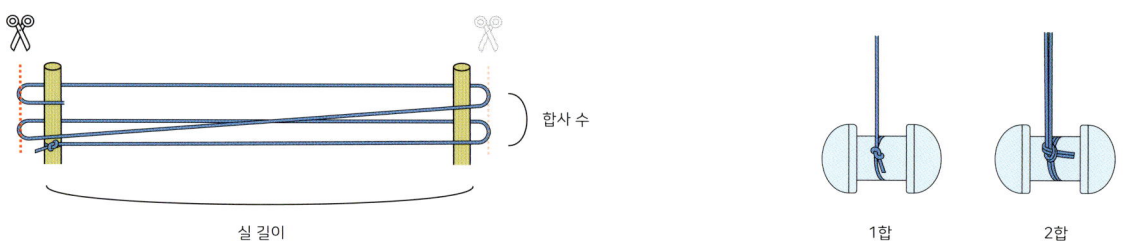

합사 수

실 길이

1합　　　　　2합

2. 실 감기

왼손으로 실을 잡고 오른손으로 토짝을 잡아요. 실을 잡은 손은 고정하고 토짝을 잡은 손으로 실을 감아요. 감기는 실의 탄성이 유지되도록 팽팽하게 토짝을 돌려가며 감아요. 감던 실이 25 cm 정도 남으면 손바닥이 보이도록 실을 잡고, 손을 뒤집어 고를 만들어요. 만든 고에 토짝을 반 정도 걸고, 감던 실을 당겨 토짝에 감은 실이 풀리지 않도록 고를 줄여요.

3. 실 얹기

토짝에 감은 실은 심지에 돌려 감거나 실 끝을 묶고 심지에 걸어 다회틀 상판에 얹어요.

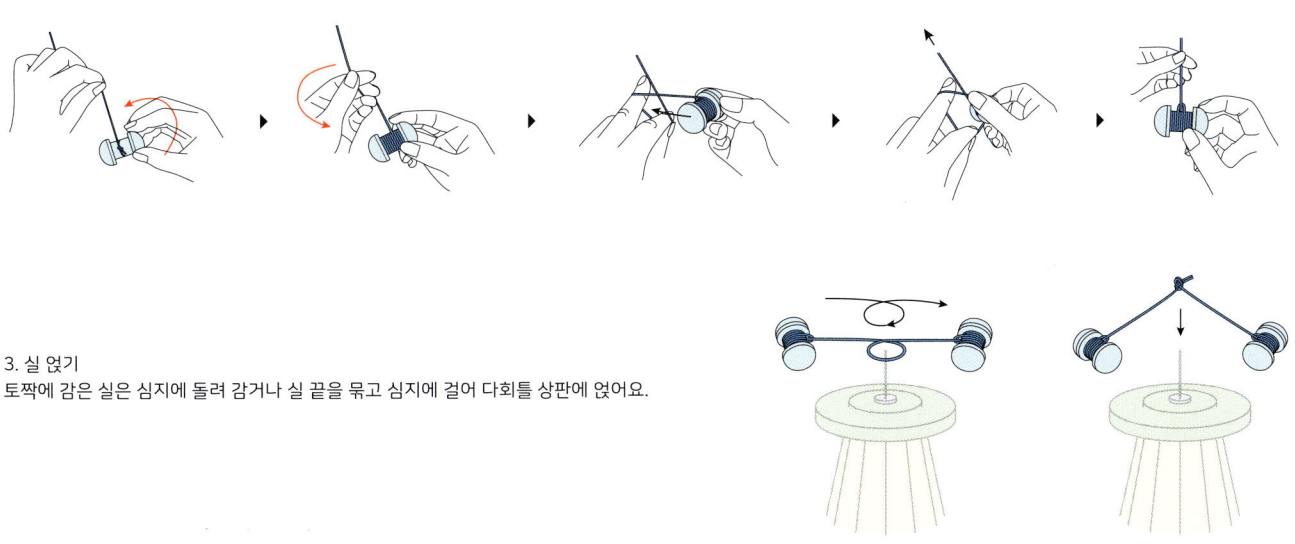

돌려감기   걸기

4. 배열하기

다회틀 상판에 좌사와 우사를 배열해요. 그림에서 도형은 위에서 내려다 본 다회틀의 상판, 숫자는 올이 배열된 위치, 문자는 올을 나타내요.

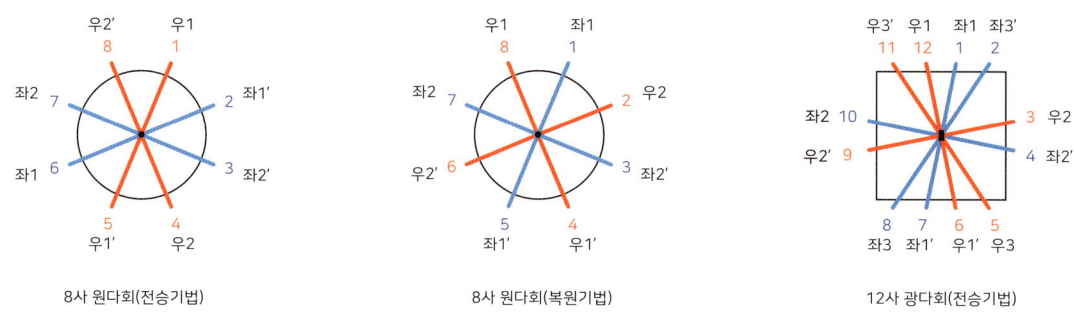

8사 원다회(전승기법)　　　　8사 원다회(복원기법)　　　　12사 광다회(전승기법)

5. 실 내리기

토짝에 감긴 실을 내릴 때는 왼손으로 실을 잡고 오른손 엄지와 검지로 토짝을 잡아요.
실이 풀리는 방향으로 토짝을 돌리면서 다회틀의 절반 정도까지 내려요.

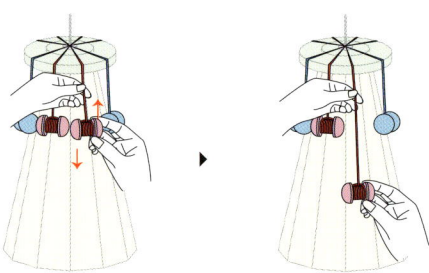

6. 다회치기

다회틀을 몸 앞쪽에 두고 토짝에 감은 실을 양손으로 이동시켜 다회를 제작해요. 제작한 다회가 늘어나고 토짝에 감긴 실이 줄어들면 실 내리기, 다회치기, 다회 올리기의 과정을 반복해서 다회를 쳐요.

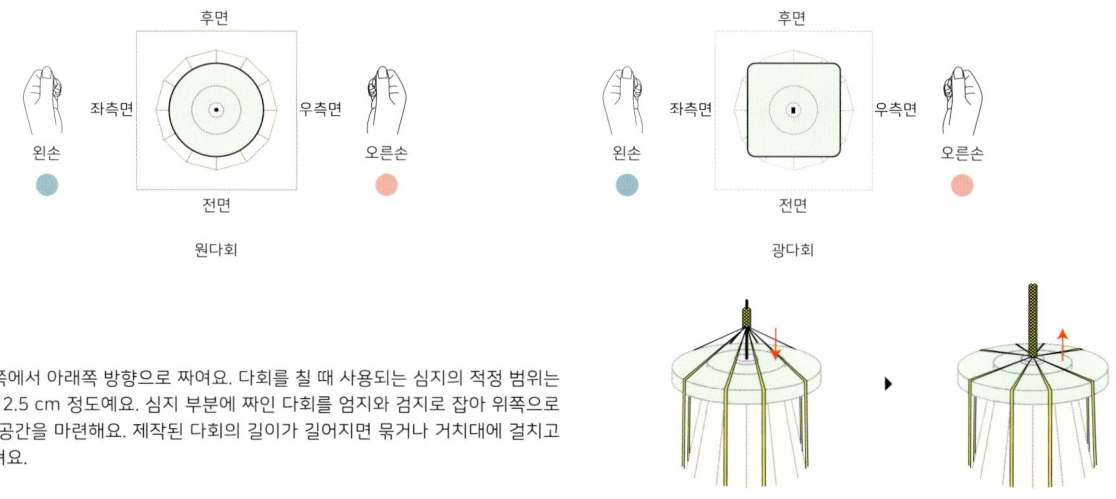

원다회

광다회

7. 다회 올리기

다회는 심지의 위쪽에서 아래쪽 방향으로 짜여요. 다회를 칠 때 사용되는 심지의 적정 범위는 상판으로부터 1 ~ 2.5 cm 정도예요. 심지 부분에 짜인 다회를 엄지와 검지로 잡아 위쪽으로 올려 다회가 짜일 공간을 마련해요. 제작된 다회의 길이가 길어지면 묶거나 거치대에 걸치고 계속해서 다회를 쳐요.

다회가 짜이는 방향

다회를 올리는 방향

8. 마무리하기

제작된 다회를 토짝과 함께 심지 위로 빼내요. 토짝에 묶은 실을 풀거나 잘라서(172쪽 참고) 다회와 토짝을 분리해요. 분리한 다회는 김을 쐬고(181쪽 참고) 통풍이 잘되는 곳에서 건조시켜요.

4사
원다회

복원기법

4사 원다회 복원기법은
4올의 실을 사용해서 다회를 치는 기법으로 다회틀에서 제작합니다.

올 의 배 열

토짝에 감은 4올의 실(좌사 2올, 우사 2올)을 다회틀에 얹어요. 좌사는 1번과 3번 위치, 우사는 2번과 4번 위치에 배열해요.

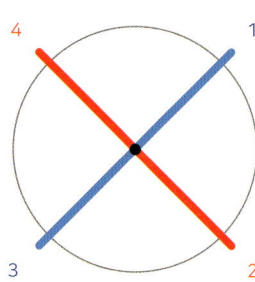

다회틀 상판

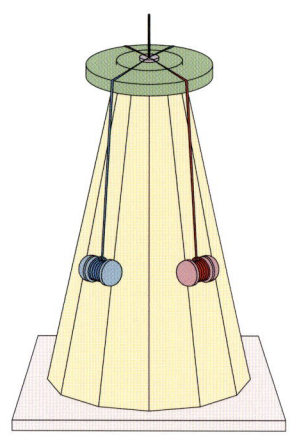

다회틀

올 의 이 동

먼저 왼손(●)으로 좌1(1번 위치), 오른손(●)으로 좌1'(3번 위치)를 잡아요. 두 올을 동시에 반시계방향으로 회전시켜 서로 위치를 바꿔요. 이어서 오른손(●)으로 우1(4번 위치), 왼손(●)으로 우1'(2번 위치)을 잡아요. 두 올을 동시에 시계방향으로 회전시켜 서로 위치를 바꿔요. 좌사와 우사를 번갈아 이동시키는 과정을 반복해 다회를 쳐요.

좌사와 우사의 이동에 따라 올의 엮임에 차이가 있어요. '올을 확인하는 위치(●)'에서 우사가 좌사 위에 있으면 좌사를 이동할 차례이고, 좌사가 우사 위에 있으면 우사를 이동할 차례예요.

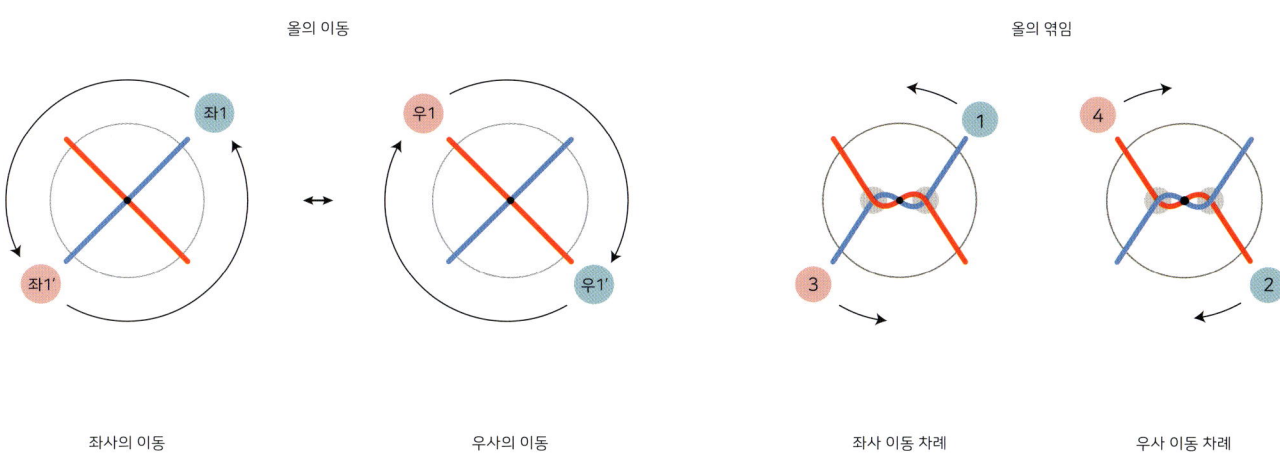

올의 이동

좌사의 이동　　　　　　　　　　우사의 이동

올의 엮임

좌사 이동 차례　　　　　　　　　우사 이동 차례

4사
원다회

1색 | 1합

1색 | 1합 | 100 cm

연두 2 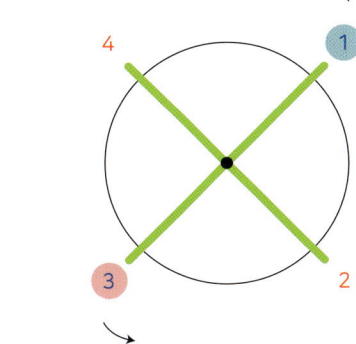 연두 2

4

1

연두   1
연두   3

2   연두
4   연두

3

2

4사 원다회

도 래 매 듭
책 갈 피

다회(75 cm)

도래

24

1   제작한 다회의 한쪽이 20 cm 정도 되도록 접어요.

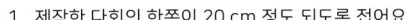

2   접은 부분에서 2 cm 정도 띄우고 도래매듭(160쪽 참고)을 연달아 두 개
    맺어요.

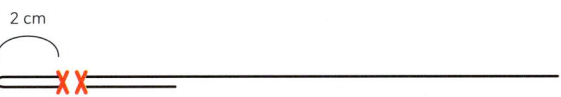

3   두 번째 맺은 도래매듭에서 책의 세로길이보다 10 cm 정도 더 띄워
    처음과 같이 접어요.

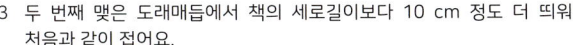
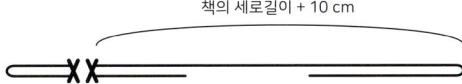

4   끈의 좌우를 바꿔요. 이전 과정과 같이 접은 부분에서 2 cm 정도 띄우고
    도래매듭을 연달아 세 개 맺어요.

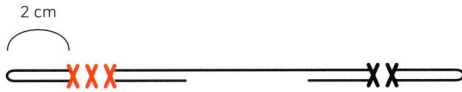

5   남는 끈은 매듭에 바투 잘라 책갈피를 완성해요.

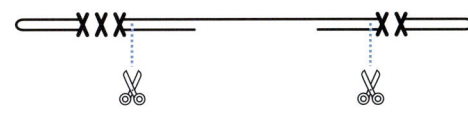

4사
원다회

2색 | 2합

2색 | 2합 | 150 cm

연두 2 ◖◗ 하늘 2

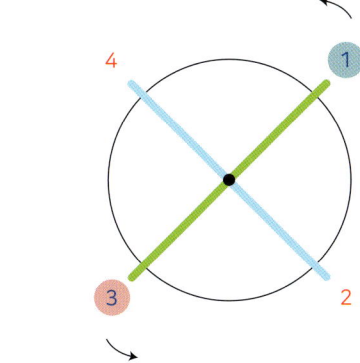

연두   1
연두   3

2   하늘
4   하늘

4사 원다회

옭 매 듭
팔 찌

다회(100 cm)

줄옭

1 제작한 다회를 ㄹ 모양으로 접고 그림과 같이 세부분으로 나눠 생각해요.
  (① 파랑 부분 ② 검정 부분 ③ 빨강 부분)

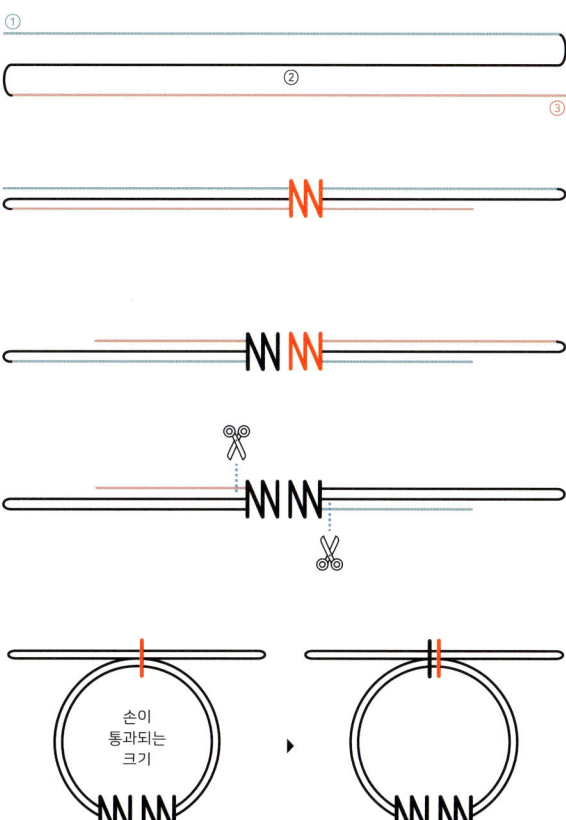

2 ③으로 ①, ②를 감싸면서 ㄹ 모양의 중앙에 줄세옭매듭(159쪽 참고)을
  맺어요.

3 끈의 좌우를 바꾸고 ①로 ②, ③을 감싸면서 줄세옭매듭의 오른쪽에
  줄세옭매듭을 한 개 더 맺어요.

4 ①, ③의 남은 끈은 줄세옭매듭에 바짝 붙여 잘라요.

5 양쪽 끈을 교차시켜 손이 통과되는 크기의 고를 만들고, 줄세옭매듭과
  마주보는 위치에 줄외옭매듭을 맺어요. 좌우를 바꿔 줄외옭매듭의
  오른쪽에 줄외옭매듭을 한 개 더 맺어 팔찌를 완성해요.

29

4사
원다회

2색 | 3합

2색 | 3합 | 200 cm

연두 1, 분홍 1 🔵🔴 연두 1, 분홍 1

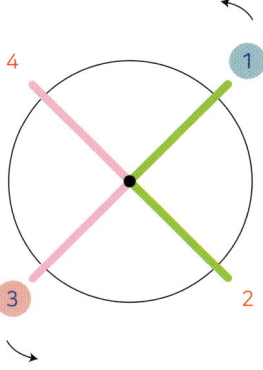

연두   1
분홍   3

2   연두
4   분홍

4사 원다회
도래매듭
목걸이

다회(140 cm)

옭, 도래

32

1　제작한 다회를 반으로 접어요.

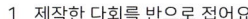

2　접은 부분에서 35 cm 정도 띄우고 도래매듭을 연달아 세 개 맺어요.

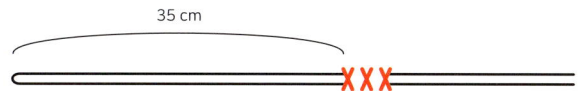

3　세 번째 도래매듭에서 4 cm 정도 띄우고 도래매듭을 연달아 두 개 맺어요.

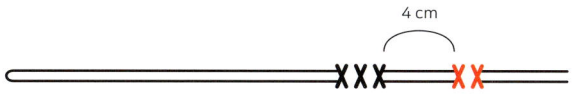

4　마지막에 맺은 도래매듭에서 4 cm 정도 띄우고 양쪽 끈에 외옭매듭(158쪽 참고)을 각각 한 개씩 맺어요.

5　남은 끈은 외옭매듭에서 1 cm 정도 띄우고 잘라 목걸이를 완성해요.

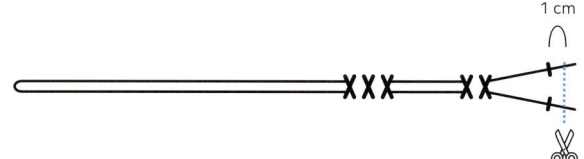

4사
원다회

2색 | 2합

2색 | 2합 | 180 cm

금1, 연두1 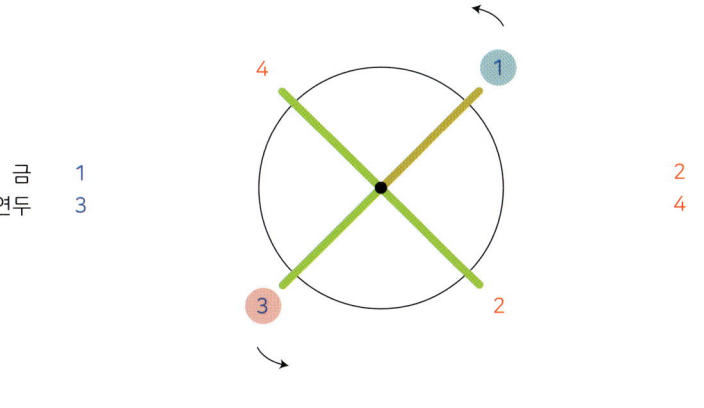 연두 2

금   1
연두   3

2   연두
4   연두

4사 원다회
연 봉 매 듭
태 　 　 슬

다회(130 cm), 인견사

줄옺, 연봉, 벼나사

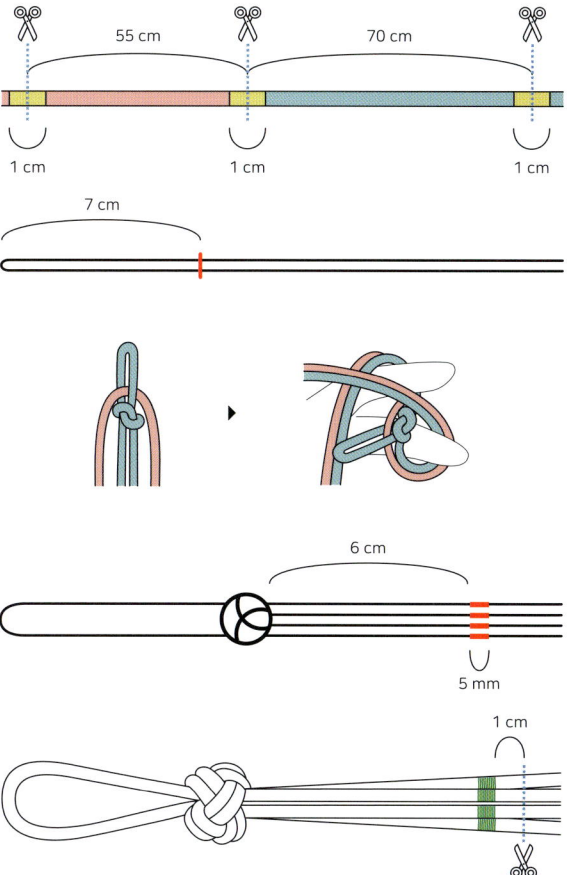

1 제작한 다회는 올이 풀리지 않도록 풀 바른 한지를 감아 붙이고 55 cm와 70 cm로 잘라요(172쪽 참고).

2 70 cm 다회를 반으로 접어요. 접은 부분에서 7 cm 정도 띄우고 줄외옭매듭을 맺어요.

3 줄외옭매듭의 중심고에 55 cm 다회를 통과시켜 걸어요. 줄외옭매듭을 중심으로 생각해서 두 줄 연봉매듭(162쪽 참고)을 맺어요. 연봉매듭 속으로 줄외옭매듭이 들어가도록 매듭을 조여요.

4 연봉매듭에서 6 cm 정도 띄우고 4줄의 끈에 각각 벼나사(176쪽 참고)를 5 mm 정도 감아요.

5 남은 끈은 벼나사에서 1 cm 정도 띄우고 잘라 태슬을 완성해요.

4사
원다회

4색 | 1합

4색 | 1합 | 80 cm

진남 1, 연두 1  파랑 1, 은1

진남   1
연두   3

2   파랑
4   은

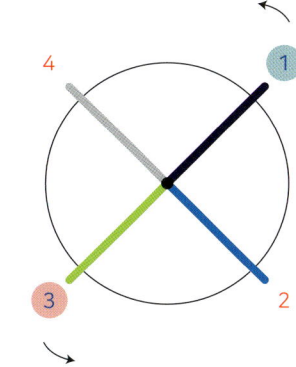

4사 원다회
옭 매 듭
반 지

다회(50 cm)

줄옭

40

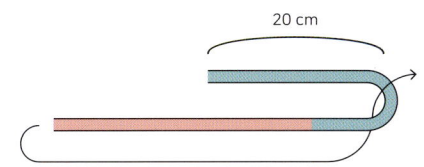

1 제작한 다회의 한쪽이 20 cm 정도 되도록 접어 고를 만들어요. 만든 고에
　다른 한쪽 끈을 걸어요.

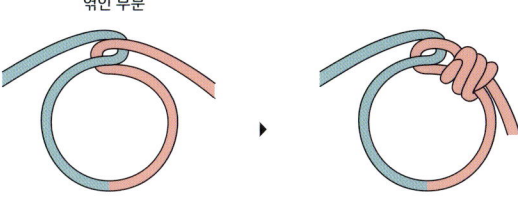

2 그림과 같이 두 개의 고가 서로 엮이도록 걸어 손가락이 통과되는 고를
　만들어요. 엮인 부분에 바짝 붙여 한쪽 끈으로 줄세옭매듭을 맺어요.

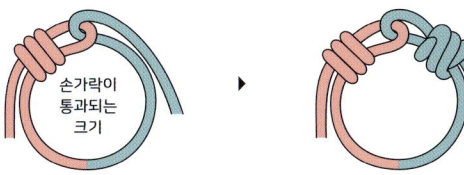

3 좌우를 바꾸고 매듭을 맺지 않은 끈을 당겨 고의 크기를 손가락이 통과
　되는 크기에 맞춰요. 엮인 부분에 바짝 붙여 줄세옭매듭 맺어요. 양쪽 끈은
　매듭에 바투 잘라 반지를 완성해요.

4사
원다회

전승기법

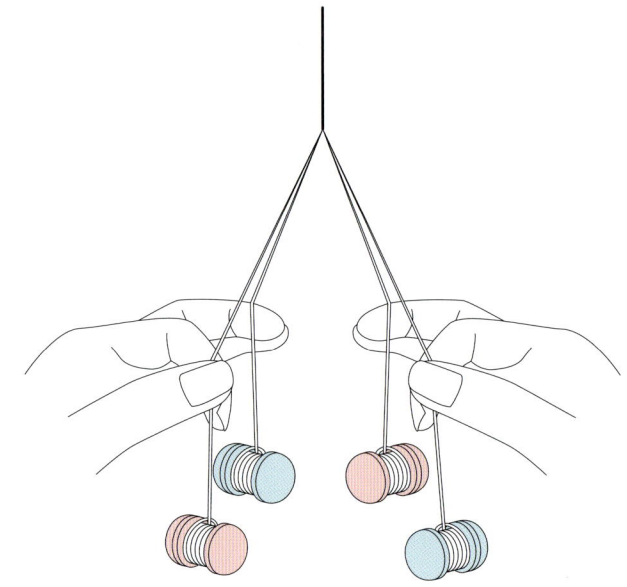

4사 원다회 전승기법은

4올의 실을 사용해서 다회를 치는 기법으로 매듭장에 의해 전승되고 있는 기법입니다.

토짝에 감은 4올의 실 끝을 하나로 묶어 고정대에 걸고 양손으로 실을 이동하여 다회를 제작합니다.

두 올의 좌사가 대각선 방향에 위치하도록 한 올은 왼손 중지에 걸쳐 잡고, 다른 한 올은 오른손 엄지와 검지로 잡아요. 두 올의 우사도 대각선 방향에 위치하도록 한 올은 오른손 중지에 걸쳐 잡고, 다른 한 올은 왼손 엄지와 검지로 잡아요.

먼저 좌사를 교차시켜 토짝의 위치를 서로 바꿔요. 이어서 우사도 교차시켜 토짝의 위치를 서로 바꿔요. 좌사와 우사가 번갈아 이동하는 과정을 반복해서 다회를 제작해요.

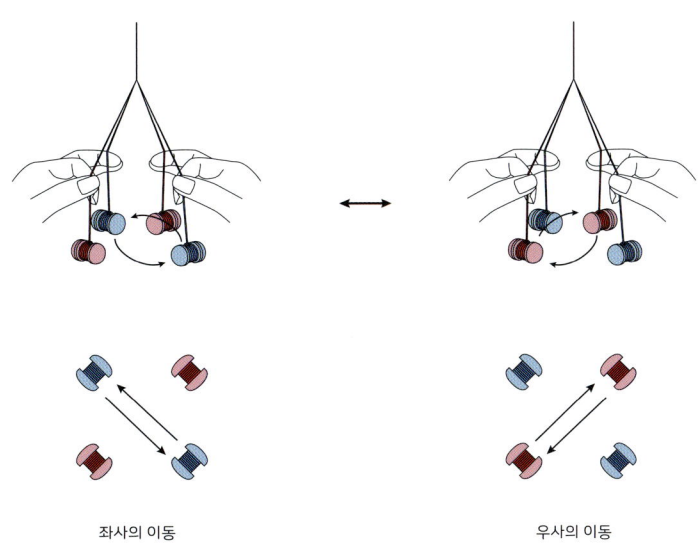

좌사의 이동   우사의 이동

전승기법

8사 원다회 전승기법은
8올의 실을 사용해서 다회를 치는 기법으로 다회틀에서 제작하며,
매듭장에 의해 전승되고 있는 기법입니다.

올 의 배 열

토짝에 감은 8올의 실(좌사 4올, 우사 4올)을 다회틀에 얹어요. 좌사는 2번, 3번, 6번, 7번 위치, 우사는 1번, 4번, 5번, 8번 위치에 배열해요.

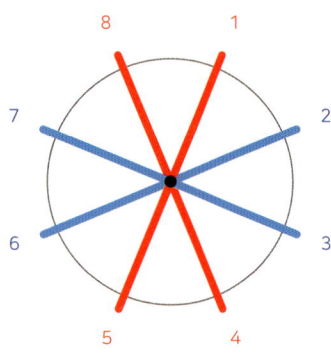

다회틀 상판

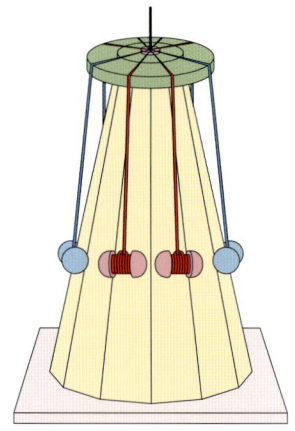

다회틀

① 좌2(7번 위치)와 좌2'(3번 위치)를 양손(왼손 : ●, 오른손 : ●)으로 각각 계란잡듯이 잡고, 좌1을 왼손 엄지, 좌1'를 오른손 검지로 들어 올려요. 반시계방향으로 회전시켜 좌1을 우1' 위로, 좌1'를 우1 위로 넘겨 내려놓아요. ② 우1'를 왼손 엄지, 우1을 오른손 검지로 잡고 좌2와 좌2'를 내려놓으면서 우1'와 우1을 시계방향으로 회전시켜 좌2와 좌2' 위로 넘겨 내려놓아요.

③ 계속해서 우1'와 우1을 양손으로 계란잡듯이 잡고, 우2'를 왼손 검지, 우2를 오른손 엄지로 들어 올려요. 시계방향으로 회전시켜 우2'를 좌1' 위로, 우2를 좌1 위로 넘겨 내려놓아요. ④ 좌1'를 왼손 검지, 좌1을 오른손 엄지로 잡고 우1'와 우1을 내려놓으면서 좌1'와 좌1을 반시계방향으로 회전시켜 우1'와 우1 위로 넘겨요. 좌1'와 좌1은 좌2와 좌2'가 처음 위치했던 자리에 놓여요.

3번, 7번 위치에 놓인 좌1과 좌1'를 다시 좌2'와 좌2로 생각하고 ① ~ ④ 과정을 계속 반복해서 다회를 쳐요. 올이 이동할 때 손의 모양은 다음 쪽을 참고해요.

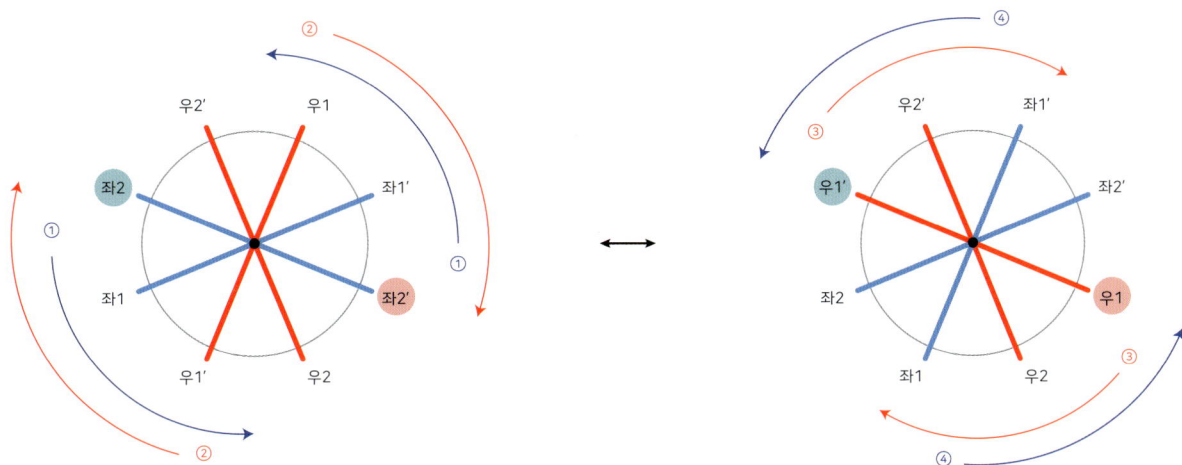

손 의 모 양

올이 이동할 때 손의 모양을 나타낸 것으로 개인에 따라 다소 차이가 있을 수 있어요. 좌사의 이동은 파랑, 우사의 이동은 빨강으로 표시했어요.

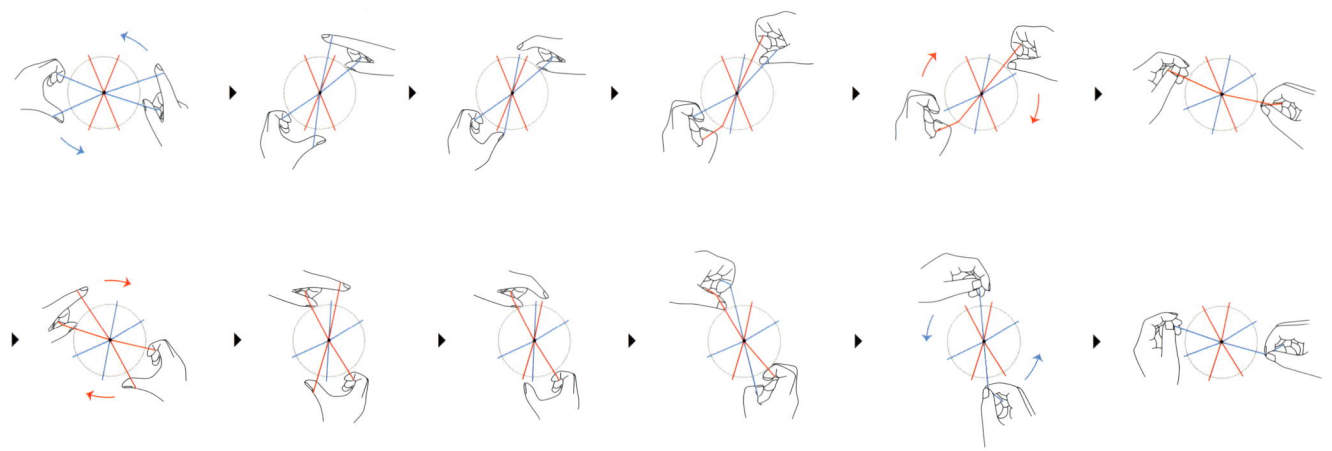

48

올 의 엮 임

좌사와 우사의 이동에 따라 올의 엮임에 차이가 있고, 올이 엮인 형태를 통해 이동할 올을 확인할 수 있어요. '좌사 이동 차례'에서는 올이 엮인 부분(   )이 기울어져 있고, '우사 이동 차례'에서는 올이 엮인 부분이 수평에 가까워요.

배열된 올을 통해서도 이동할 올을 확인할 수 있어요. 3번, 7번 위치에 좌사가 배열되면 '좌사 이동 차례'이고, 우사가 배열되면 '우사 이동 차례'예요.

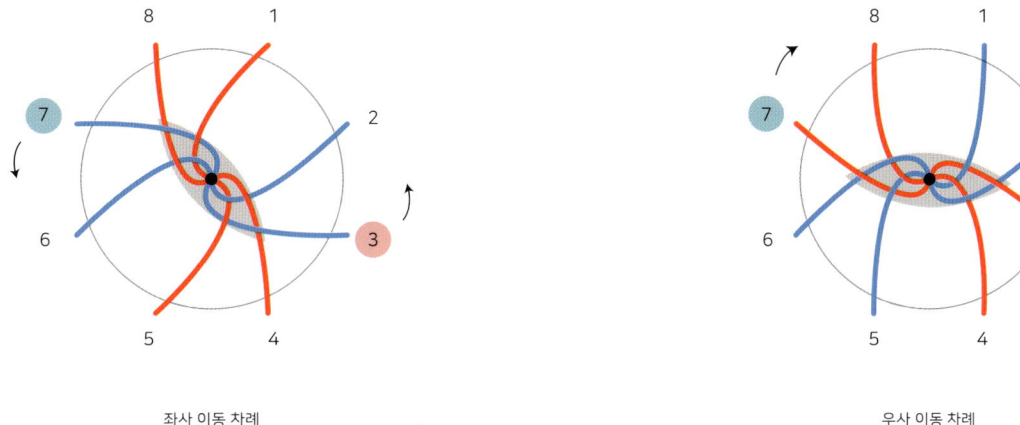

좌사 이동 차례

우사 이동 차례

49

1색 | 1합 | 150 cm

먹 4 ◖ 먹 4

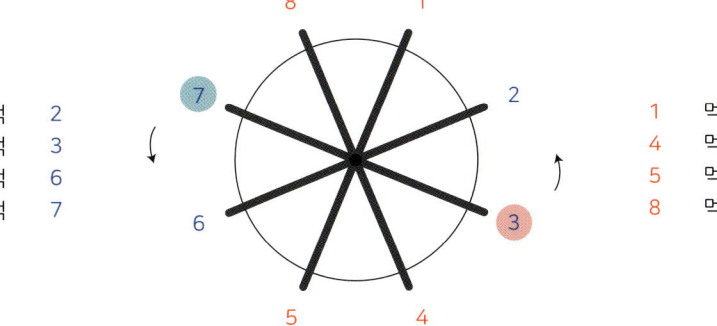

8사 원다회
안 경 매 듭
책 갈 피

다회(90 cm)
안경

1 제작한 다회의 중앙에 안경매듭(167쪽 참고)을 맺어요. 매듭의 고는 5 mm, 한쪽 끈은 1 cm 정도 되도록 매듭을 조여요.

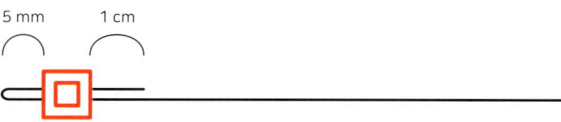

2 길이가 긴 한쪽 끈의 가운데를 중심으로 생각하고 안경매듭을 한 개 더 맺어요. 두 개의 안경매듭 사이는 30 cm, 고는 5 mm 정도 되도록 매듭을 조여요.

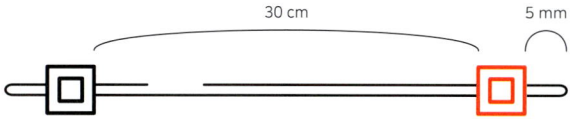

3 두 번째 맺은 안경매듭을 중심으로 생각하고 세 번째 안경매듭을 맺어요. 남은 끈은 매듭에 바투 잘라 책갈피를 완성해요.

8사
원다회

2색 | 2합

2색 | 2합 | 120 cm

하늘 4 ◑ 먹 4

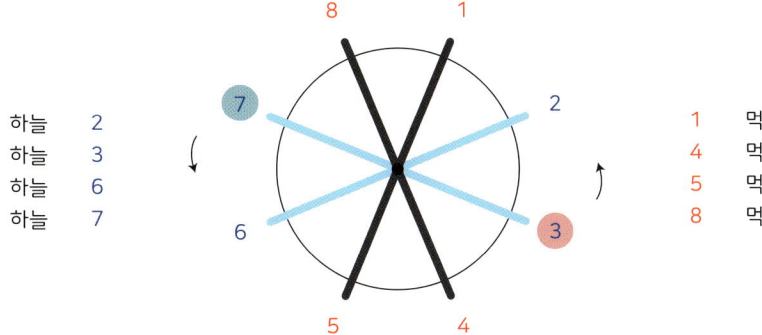

8   1

7

하늘   2   2   1   먹
하늘   3   4   먹
하늘   6   5   먹
하늘   7   8   먹

6   3

5   4

다회(70 cm), 금속 장식

안경

1 제작한 다회의 중앙에 안경매듭을 맺어요. 매듭의 고는 손목 둘레의 1/4, 한쪽 끈은 1 cm 정도 되도록 매듭을 조여요.

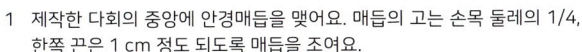

2 안경매듭의 양쪽에서 끈을 한 줄씩 자르고 자른 면에 풀을 발라요.

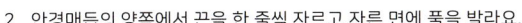

3 전체 길이를 손목 둘레에 맞춰 잘라요. 자를 부분에는 풀 바른 한지를 붙이고 금속 장식의 깊이에 맞춰 잘라요.

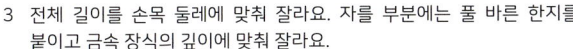

4 다회의 양쪽 끝에 접착제를 바르고 금속 장식을 끼워 팔찌를 완성해요.

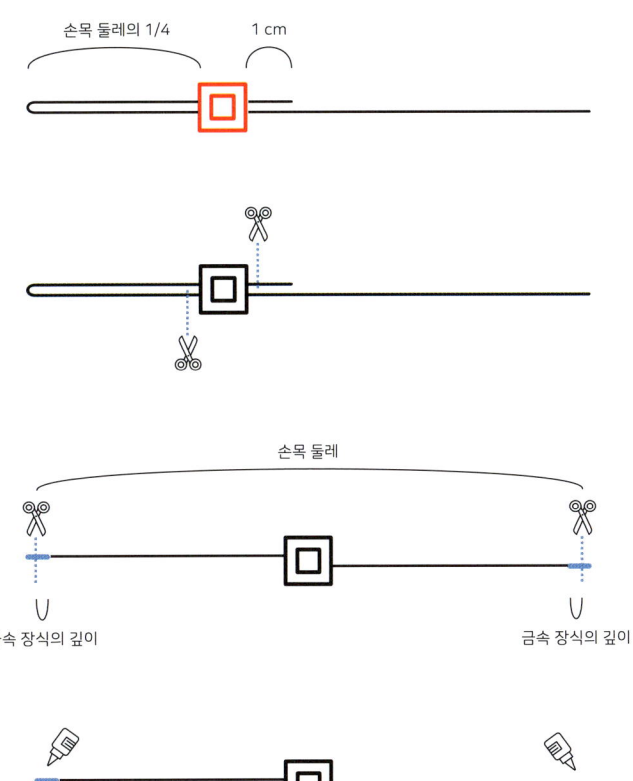

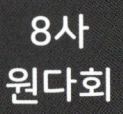

8사
원다회

2색 | 3합

2색 | 3합 | 200 cm

분홍 2, 먹 2 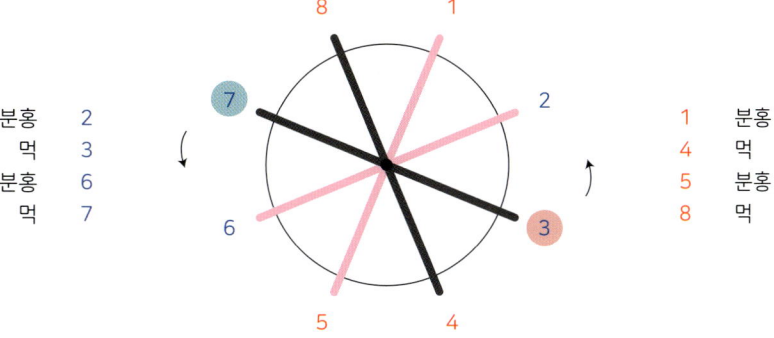 분홍 2, 먹 2

분홍 2
먹 3
분홍 6
먹 7

1 분홍
4 먹
5 분홍
8 먹

다회(130 cm), 인견사

안경, 벼나사

8사 원다회
안경매듭
목걸이

1 제작한 다회의 중앙에 안경매듭을 맺어요. 중심고가 35 cm 정도 되도록 매듭을 조여요.

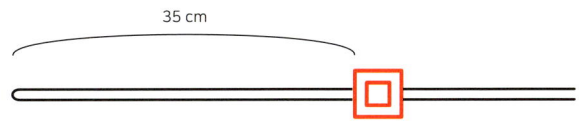

2 안경매듭에서 11 cm 정도 띄우고 양쪽 끈에 각각 벼나사를 5 mm 정도 감아요.

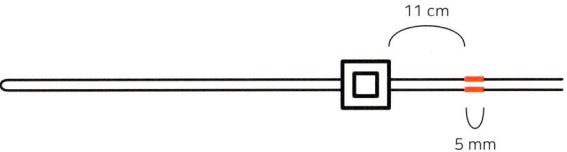

3 남은 끈은 벼나사에서 1 cm 정도 띄우고 잘라 목걸이를 완성해요.

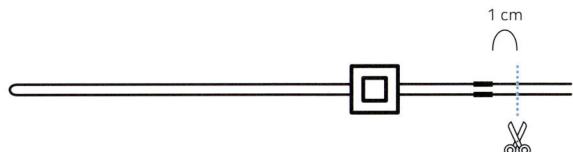

복원기법

8사 원다회 복원기법은

8올의 실을 사용해서 다회를 치는 기법으로 다회틀에서 제작합니다.
4사 원다회(복원기법)에 4올을 추가해서 제작하는 다회입니다.

올 의 배 열

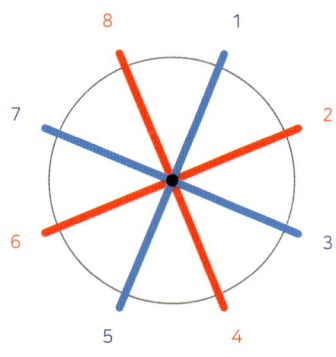

토짝에 감은 8올의 실(좌사 4올, 우사 4올)을 다회틀에 얹어요. 좌사는 1번, 3번, 5번, 7번 위치, 우사는 2번, 4번, 6번, 8번 위치에 배열해요.

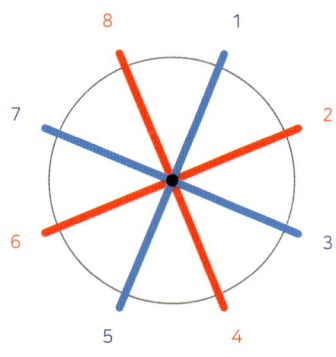

다회틀 상판

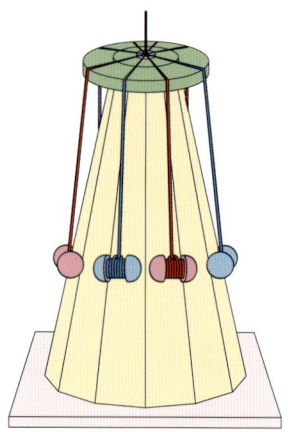

다회틀

올 의 이 동

올을 이동시킬 때는 양손을 동시에 움직이고, 이동하는 올은 이동시킬 올의 회전방향 뒤쪽에서 내려놓아요.

먼저 좌사를 반시계방향으로 회전시켜요. 왼손(●)으로 좌1(1번 위치)을 잡고, 오른손(●)으로 좌1′(5번 위치)를 잡아요. ① 좌1은 좌2 자리로, 좌1′는 좌2′ 자리로 이동시켜요. 좌1과 좌1′를 각각 좌2와 좌2′의 자리에 놓으면서 왼손으로 좌2, 오른손으로 좌2′를 잡아요. ② 계속해서 좌2는 좌1′ 자리로 좌2′는 좌1 자리로 이동시켜요.

이어서 우사를 시계방향으로 회전시켜요. 오른손으로 우1(8번 위치)을 잡고, 왼손으로 우1′(4번 위치)를 잡아요. ③ 우1은 우2 자리로, 우1′는 우2′ 자리로 이동시켜요. 우1과 우1′를 각각 우2와 우2′의 자리에 놓으면서 오른손으로 우2, 왼손으로 우2′를 잡아요. ④ 계속해서 우2는 우1′ 자리로 이동시키고, 우2′는 우1 자리로 이동시켜요.

① ~ ④ 과정을 반복해서 다회를 쳐요. 올이 이동할 때 손의 모양은 다음 쪽을 참고해요.

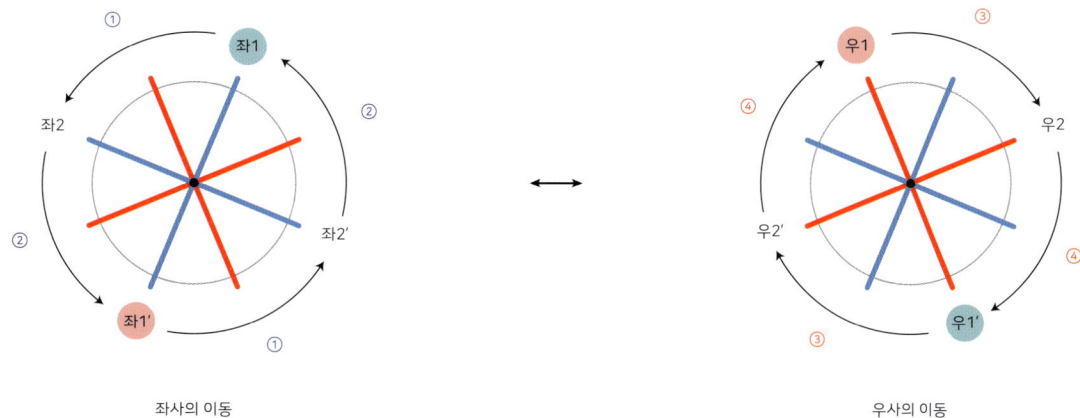

좌사의 이동   우사의 이동

손 의 모 양

올이 이동할 때 손의 모양을 나타낸 것으로 개인에 따라 다소 차이가 있을 수 있어요. 좌사의 이동은 파랑, 우사의 이동은 빨강으로 표시했어요.

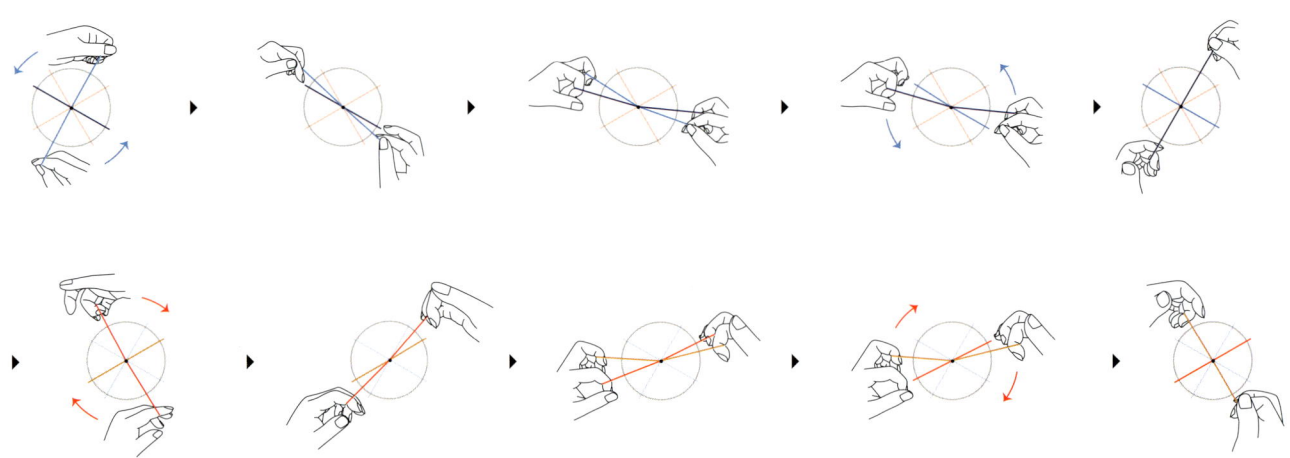

올 의 엮 임

좌사와 우사의 이동에 따라 올의 엮임에 차이가 있고, 올이 엮인 형태를 통해 이동할 올을 확인할 수 있어요. '올을 확인하는 위치(●)'에 우사가 좌사 위에 있으면 좌사를 이동할 차례이고, 좌사가 우사 위에 있으면 우사를 이동할 차례예요.

'좌사 이동 차례'에서는 우사(2번, 4번, 6번, 8번 위치의 올)가 좌사 위에 위치하고, '우사 이동 차례'에서는 좌사(1번, 3번, 5번, 7번 위치의 올)가 우사 위에 위치해요.

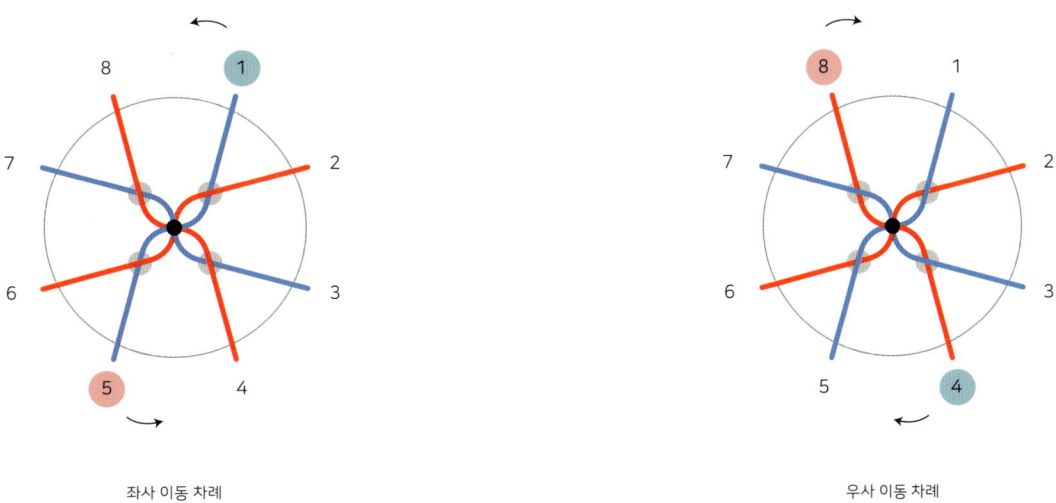

좌사 이동 차례   우사 이동 차례

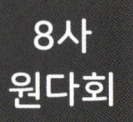

**8사
원다회**

5색 | 2합

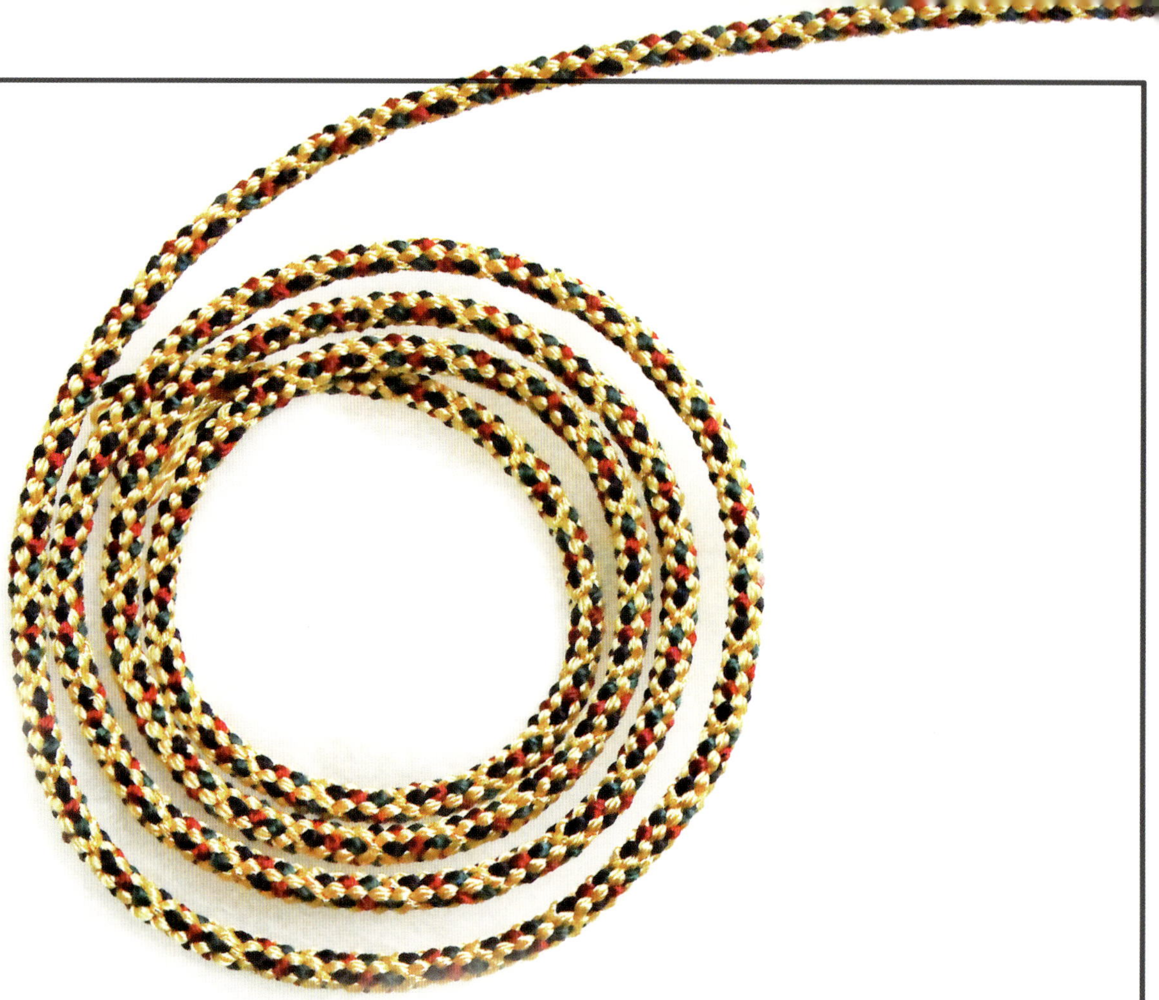

5색 | 2합 | 150 cm

노랑 4 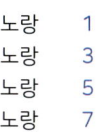 진남 1, 자주 1, 초록 1, 금 1

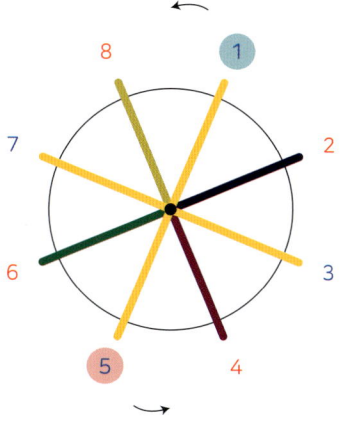

노랑   1
노랑   3
노랑   5
노랑   7

2   진남
4   자주
6   초록
8   금

다회(95 cm), 금사

도래, 생쪽, 벼나사

1 제작한 다회를 반으로 접고 중심고에서 5 cm 정도 띄워 도래매듭을
   맺어요. 도래매듭에 바짝 붙여 양쪽 고가 9 cm 정도인 생쪽매듭(161쪽
   참고)을 맺어요. 생쪽매듭에 바짝 붙여 두 번째 도래매듭을 맺어요. 두 번째
   도래매듭에서 8 cm 정도 띄워 풀을 바르고 마르면 잘라요.

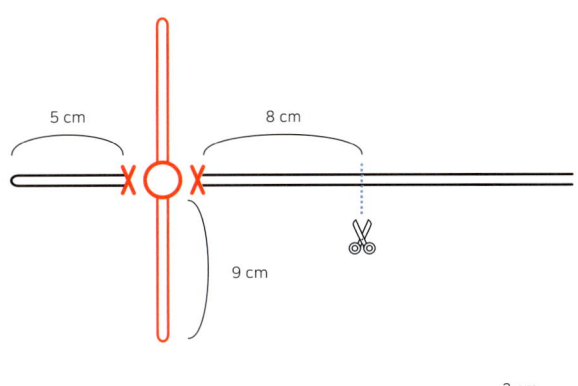

2 생쪽매듭의 양쪽 고와 도래매듭을 맺은 양쪽 끈이 나란하도록 모으고,
   끝에서 3 cm 정도 떨어진 위치에 금사로 벼나사를 5 mm 정도 감아요.
   생쪽매듭의 양쪽 고는 두 줄을 함께, 양쪽 끈에는 각각 벼나사를 감아요.

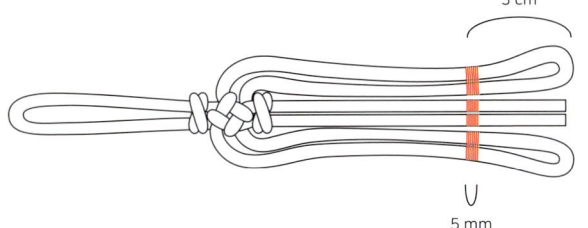

3 생쪽매듭의 양쪽 고와 도래매듭을 맺은 양쪽 끈이 가지런하도록 벼나사
   시작 지점을 바느질로 고정해서 태슬을 완성해요.

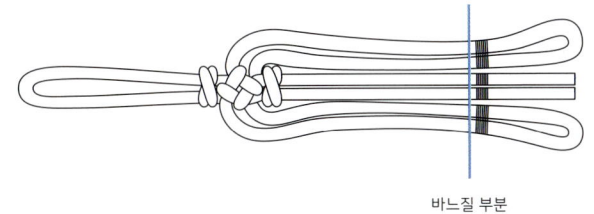

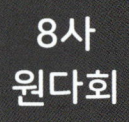

**8사
원다회**

8색 | 2합

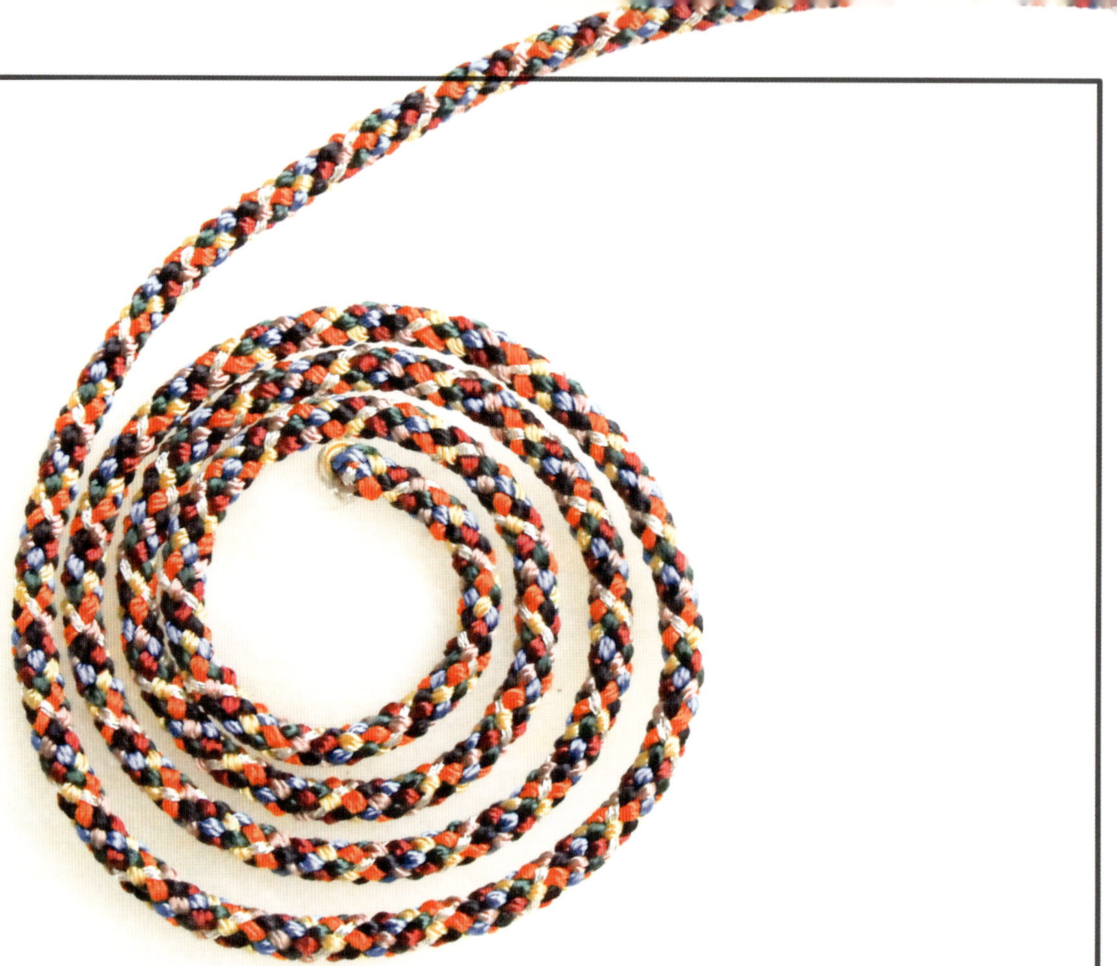

8색 | 2합 | 50 cm

진남 1, 은 1, 초록 1, 파랑 1 ◖ 자주 1, 노랑 1, 주황 1, 팥죽 1

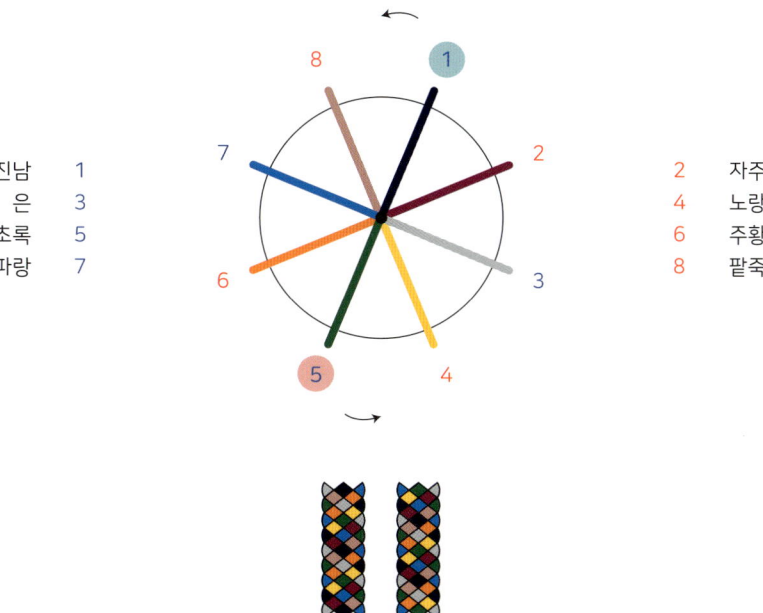

진남   1
   은   3
초록   5
파랑   7

2   자주
4   노랑
6   주황
8   팥죽

다회(20 cm), 인견사

연결하기, 벼나사

1   제작한 다회가 풀리지 않도록 풀 바른 한지를 감아 붙이고 손가락 둘레로
    잘라요.

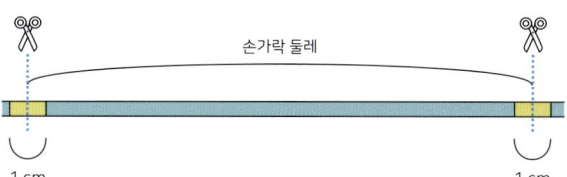

2   심지 공간에 한지 심지를 넣고 다회의 단면을 서로 붙여 연결해요(174쪽
    참고).

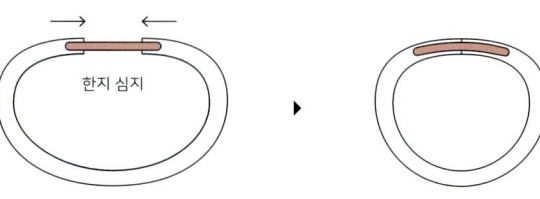

3   다회를 연결한 부분에 1.5 cm 정도 풀 바른 한지를 감아 붙여요. 풀이
    마르면 한지 부분에 벼나사를 감아 반지를 완성해요.

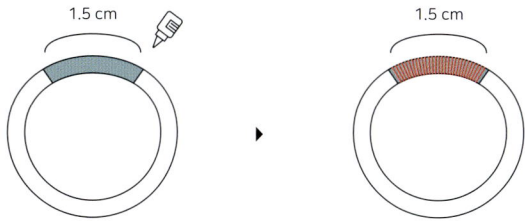

복원기법

16사 원다회 복원기법은

16올의 실을 사용해서 다회를 치는 기법으로 다회틀에서 제작합니다.

8사 원다회(복원기법)에 8올을 추가해서 제작하는 다회입니다.

올 의 배 열

토짝에 감은 16올의 실(좌사 8올, 우사 8올)을 다회틀에 얹어요. 좌사는 1번, 2번, 5번, 6번, 9번, 10번, 13번, 14번 위치, 우사는 3번, 4번, 7번, 8번, 11번, 12번, 15번, 16번 위치에 배열해요.

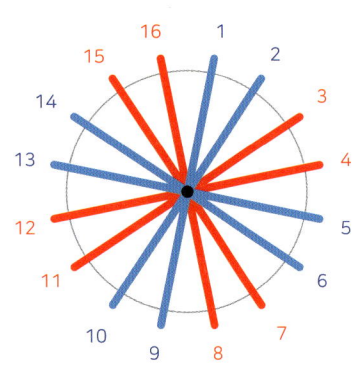

다회틀 상판

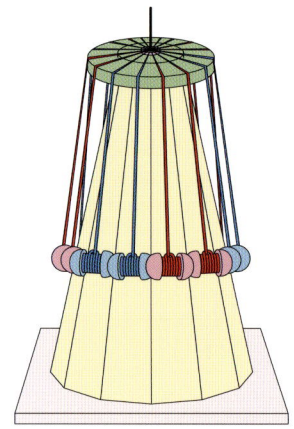

다회틀

올 의 이 동

올을 이동시킬 때는 양손을 동시에 움직이고, 이동하는 올은 이동시킬 올의 회전방향 뒤쪽에서 내려놓아요.

먼저 좌사를 반시계방향으로 회전시켜요. 왼손(●)으로 좌1(1번 위치)을 잡고 오른손(●)으로 좌1'(9번 위치)를 잡아요. ① 좌1은 좌2 자리로, 좌1'는 좌2' 자리로 이동시켜요. ② 계속해서 왼손으로 좌2, 오른손으로 좌2'를 잡아요. 좌2를 좌3 자리로, 좌2'를 좌3' 자리로 이동시켜요. ③ 좌3은 좌4 자리로, 좌3'는 좌4' 자리로 이동시켜요. ④ 좌4는 좌1' 자리로, 좌4'는 좌1 자리로 이동시켜요.

이어서 우사를 시계방향으로 회전시켜요. 오른손으로 우1(16번 위치)을 잡고 왼손으로 우1'(8번 위치)를 잡아요. ⑤ 우1은 우2 자리로, 우1'는 우2' 자리로 이동시켜요. ⑥ 계속해서 오른손으로 우2, 왼손으로 우2'를 잡아요. 우2는 우3 자리로 이동시키고, 우2'는 우3' 자리로 이동시켜요. ⑦ 우3은 우4 자리로, 우3'는 우4' 자리로 이동시켜요. ⑧ 우4는 우1' 자리로 우4'는 우1 자리로 이동시켜요. ① ~ ⑧ 과정을 반복해서 다회를 쳐요. 올이 이동할 때 손의 모양은 다음 쪽을 참고해요.

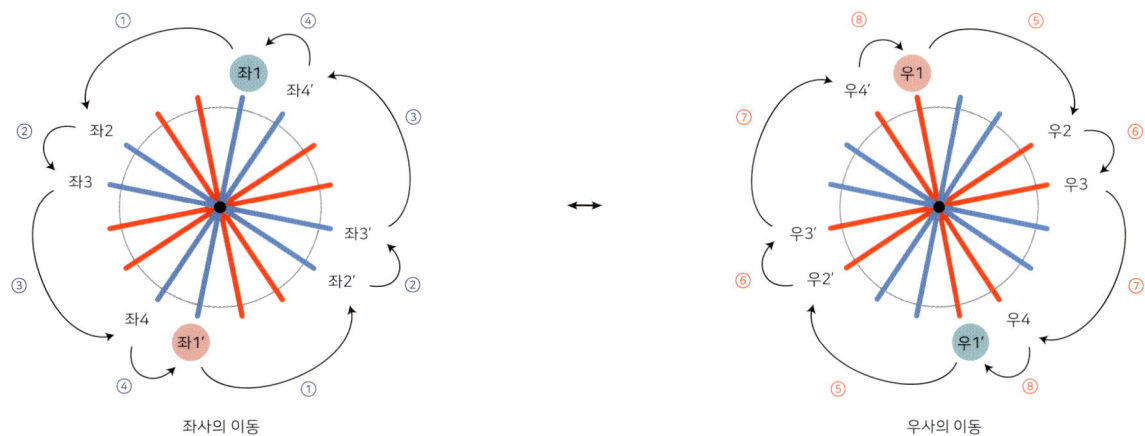

좌사의 이동   우사의 이동

손 의 모 양

올이 이동할 때 손의 모양을 나타낸 것으로 개인에 따라 다소 차이가 있을 수 있어요. 좌사의 이동은 파랑, 우사의 이동은 빨강으로 표시했어요.

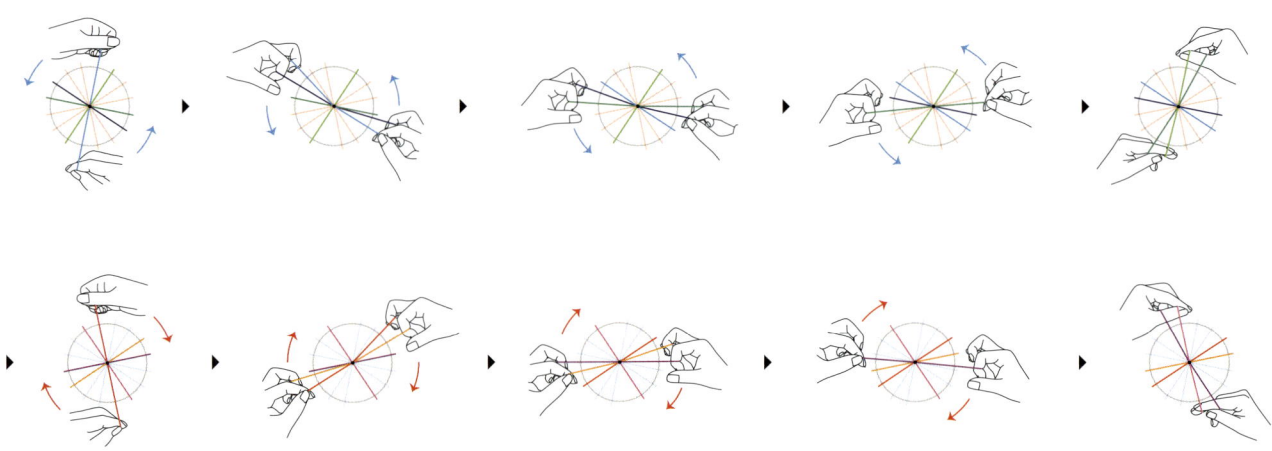

올 의 엮 임

좌사와 우사의 이동에 따라 올의 엮임에 차이가 있고, 올이 엮인 형태를 통해 이동할 올을 확인할 수 있어요. '올을 확인하는 위치(●)'에 우사가 좌사 위에 있으면 좌사를 이동하는 차례이고, 좌사가 우사 위에 있으면 우사를 이동하는 차례예요.

'좌사 이동 차례'에서는 우사(3번, 7번, 11번, 15번 위치의 올)가 좌사 위에 위치하고, '우사 이동 차례' 에서는 좌사(2번, 6번, 10번, 14번 위치의 올)가 우사 위에 위치해요.

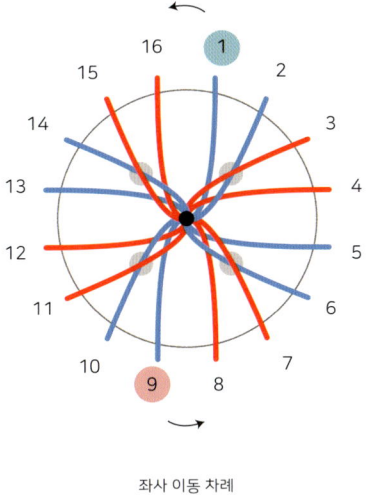

좌사 이동 차례

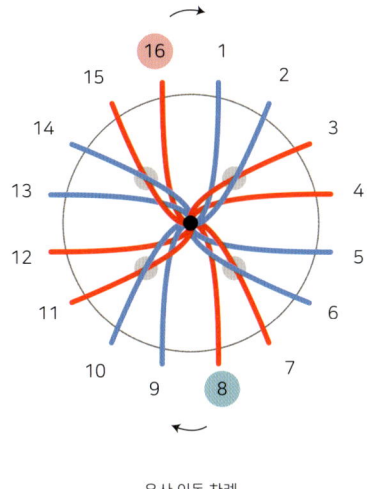

우사 이동 차례

16사
원다회

1색 | 1합

1색 | 1합 | 100 cm

남 8 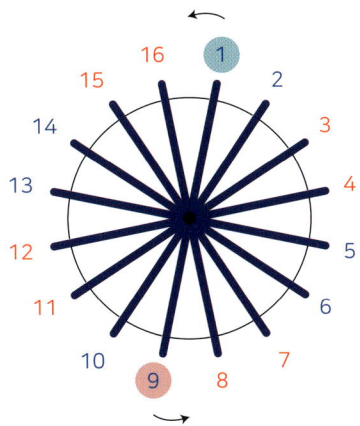 남 8

남 1
남 2
남 5
남 6
남 9
남 10
남 13
남 14

3 남
4 남
7 남
8 남
11 남
12 남
15 남
16 남

16 1 2
15   3
14   4
13   5
12   6
11   7
10 9 8

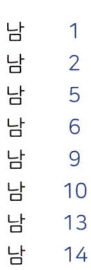

16사 원다회
고리매듭
책갈피

다회(50 cm), 금사 끈목(40 cm x 2)

줄고리

1 제작한 다회를 책의 세로길이 + 10 cm 정도로 자르고, 한쪽 끝에서 5 cm
   정도 떨어진 위치에 금사 끈목을 통과시켜요. 심지 굵기 정도의 바늘이나
   막대를 금사 끈목이 통과된 위치까지 끼워 심지 공간을 유지해요.

2 금사 끈목으로 다회를 감싸며 줄고리매듭(170쪽 참고) 다섯 개를 연달아
   맺어요. 심지 공간에 끼운 바늘이나 막대를 빼내요.

3 매듭을 맺고 남은 금사 끈목은 심지 공간으로 통과시켜 처음 맺은 줄고리
   매듭 위쪽으로 빼내 잘라요.

4 처음 맺은 줄고리매듭에서 책의 세로길이만큼 띄우고 이전 과정과 같이
   금사 끈목으로 줄고리매듭을 다섯 개 맺어요. 남은 금사 끈목은 심지
   공간으로 통과시켜 빼내 잘라요.

5 줄고리매듭까지 올을 풀어(173쪽 참고) 책갈피를 완성해요.

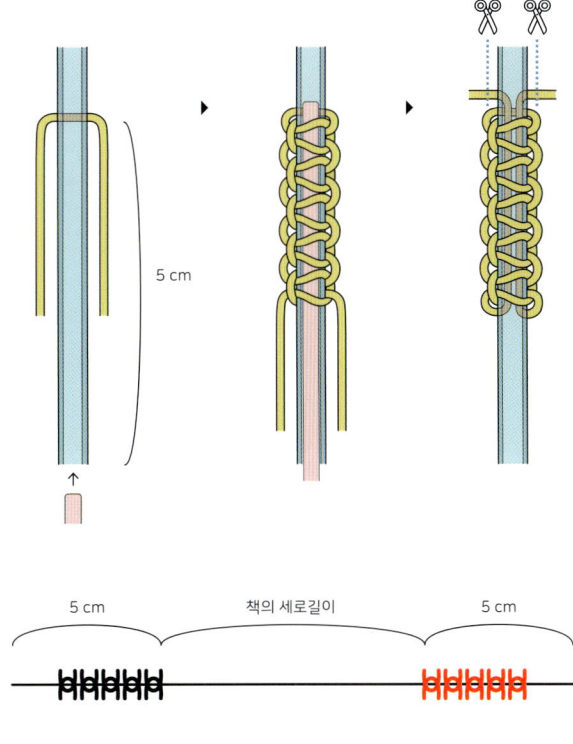

5 cm

4색 | 1합 | 100 cm

팥죽 4, 빨강 4  파랑 4, 하늘 4

팥죽	1
팥죽	2
빨강	5
빨강	6
팥죽	9
팥죽	10
빨강	13
빨강	14

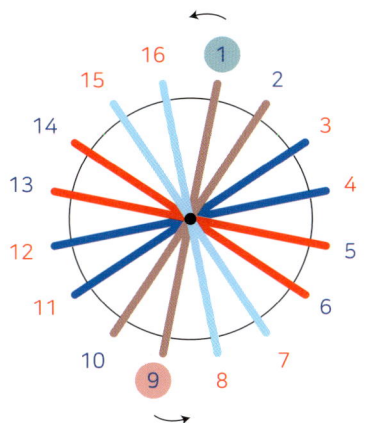

3	파랑
4	파랑
7	하늘
8	하늘
11	파랑
12	파랑
15	하늘
16	하늘

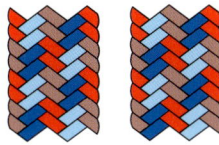

다회(50 cm), 금사 끈목(60 cm x 2), 금속 장식

줄옻, 고리

**16사 원다회
고 리 매 듭
팔   찌**

1 제작한 다회의 올이 풀리지 않도록 풀 바른 한지를 감아 붙이고 손목
   둘레로 두 줄을 잘라요. 심지 공간으로 금사 끈목을 통과시켜 손목 둘레의
   1/3 정도 떨어진 위치에서 밖으로 빼내요. 다른 한 줄도 동일한 방법으로
   진행해요.

2 각각의 금사 끈목으로 각각의 다회를 감싸면서 줄두옭매듭을 맺고 두 줄의
   금사 끈목으로 고리매듭(170쪽 참고)을 맺어요.

3 이전 과정과 같이 줄두옭매듭과 고리매듭을 반복해서 맺고 손목 둘레의
   1/3 정도 되는 위치에 줄두옭매듭을 맺어요.

4 매듭을 맺고 남은 금사 끈목은 심지 공간으로 통과시켜 빼내고 다회
   길이에 맞춰 잘라요.

5 두 줄의 다회 양쪽 끝을 모아 금속 장식의 깊이만큼 벼나사를 감거나 풀
   바른 한지를 감아 붙여요. 다회의 양쪽 끝에 접착제를 바르고 금속 장식을
   끼워 팔찌를 완성해요.

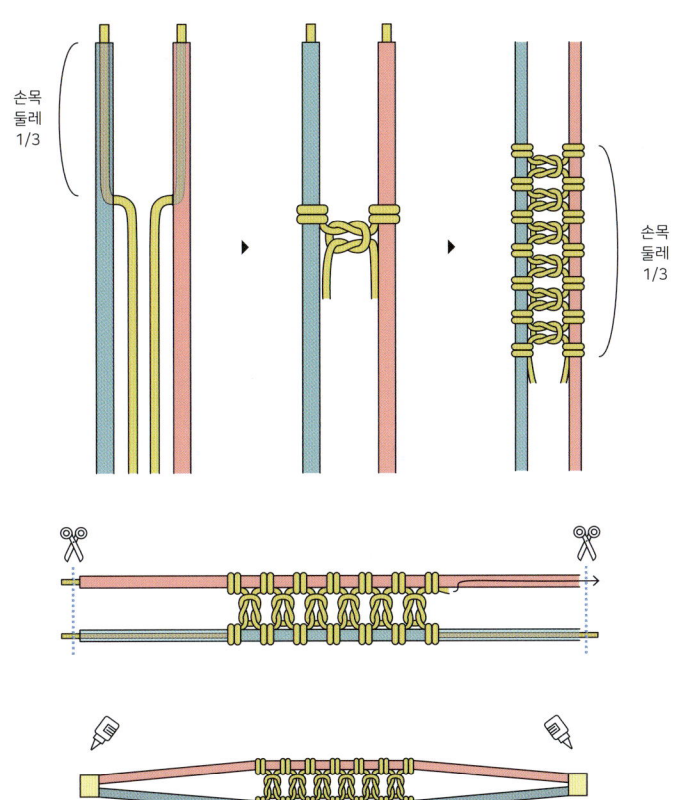

손목
둘레
1/3

손목
둘레
1/3

3색 | 2합 | 100 cm

빨강 4, 분홍 2, 자주 2 ◖ 빨강 4, 분홍 2, 자주 2

빨강	1
분홍	2
빨강	5
자주	6
빨강	9
분홍	10
빨강	13
자주	14

3	자주
4	빨강
7	분홍
8	빨강
11	자주
12	빨강
15	분홍
16	빨강

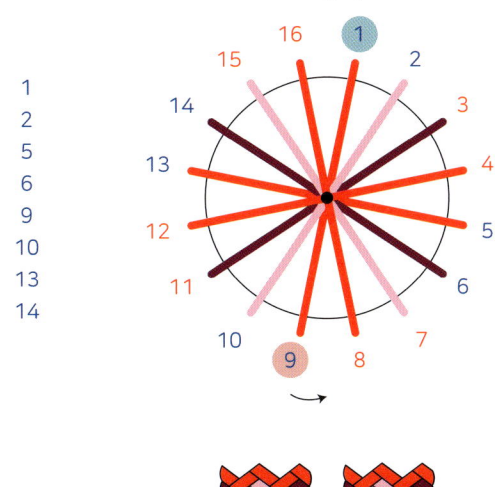

16사 원다회
벼 나 사
목 걸 이

다회(40 cm), 금사 끈목(15 cm x 2), 금속 장식, 인견사

줄옭, 도래, 연결하기, 벼나사

92

1 금사 끈목 한 줄을 반으로 접고 중심에서 1 cm 정도 띄워 도래매듭을 맺어요. 도래매듭에서 1 cm 정도 띄우고 줄외옭매듭을 맺어요. 다른 한 줄의 금사 끈목에는 금속 장식을 끼우고 도래매듭과 줄외옭매듭을 맺어요. 줄외옭매듭에서 1 cm 정도 띄우고 잘라요.

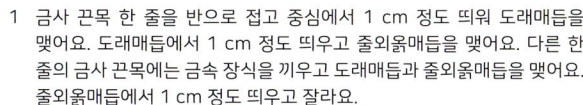

2 제작한 다회는 올이 풀리지 않도록 풀 바른 한지를 감아 붙이고 목둘레 + 3 cm 정도로 잘라요.

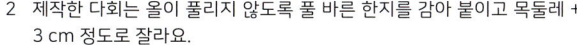

3 다회의 양쪽 끝에 매듭 맺은 금사 끈목을 끼워 넣어요. 다회를 자르기 위해 감아 붙인 한지를 떼어내고 올이 풀리지 않도록 풀을 발라요. 다회와 금사 끈목을 함께 바느질해서 단단하게 연결해요(174쪽 참고).

4 도래매듭에 바짝 붙여 벼나사를 2 cm 정도 감아 목걸이를 완성해요.

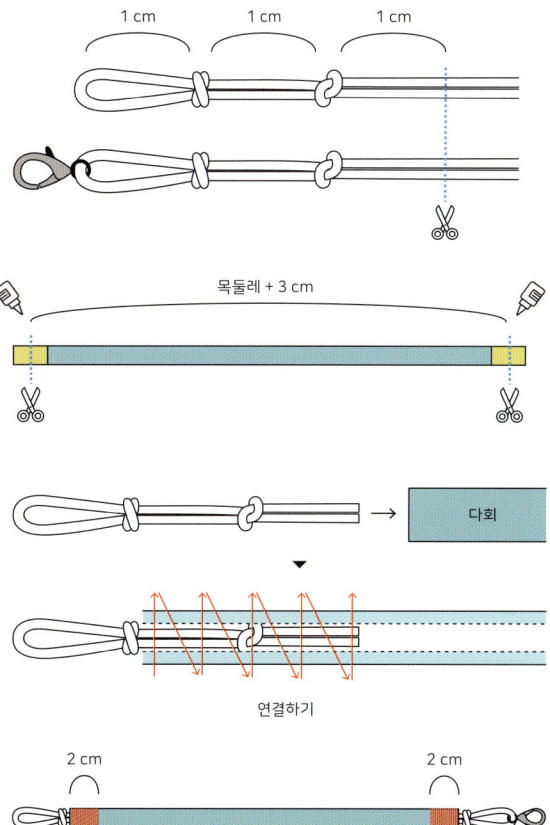

4색 | 1합

4색 | 1합 | 200 cm

빨강 8  진남 2, 금 2, 초록 2, 빨강 2

빨강	1
빨강	2
빨강	5
빨강	6
빨강	9
빨강	10
빨강	13
빨강	14

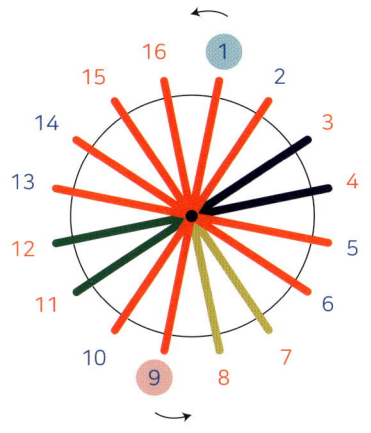

3	진남
4	진남
7	금
8	금
11	초록
12	초록
15	빨강
16	빨강

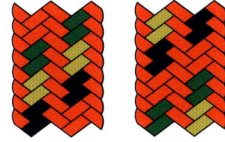

16사 원다회
국화매듭
태   슬

다회(130 cm), 금색 종이

줄옿, 국화

1 제작한 다회의 중앙에 국화매듭(168쪽 참고)을 맺어요. 금색 종이를 매듭의 몸판 사이에 끼워 넣고 종이 크기에 맞춰 매듭을 줄여요.

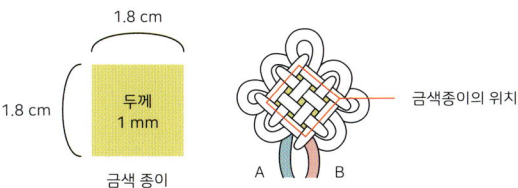

2 A 끈으로 11 cm 정도의 고를 만들고 국화매듭에 바짝 붙여 B 끈과 A 끈을 감싸며 줄두옭매듭을 맺어요.

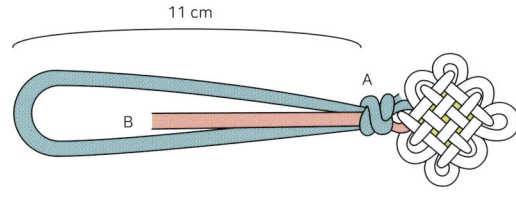

3 국화매듭의 뒷면이 보이도록 뒤집어요. 줄두옭매듭에 바짝 붙여 B 끈으로 A 끈을 감싸면서 줄두옭매듭을 한 개 더 맺어요. 남은 끈은 매듭에 바투 잘라 태슬을 완성해요.

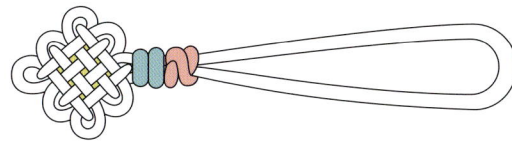

16색 | 1합 | 50 cm

파랑 1, 산호 1, 연두 1, 자주 1, 갈 1, 주황 1, 남 1, 빨강 1 ◖◗ 하늘 1, 금 1, 분홍 1, 먹 1, 은 1, 팥죽 1, 노랑 1, 초록 1

파랑	1
산호	2
연두	5
자주	6
갈	9
주황	10
남	13
빨강	14

3	하늘
4	금
7	분홍
8	먹
11	은
12	팥죽
15	노랑
16	초록

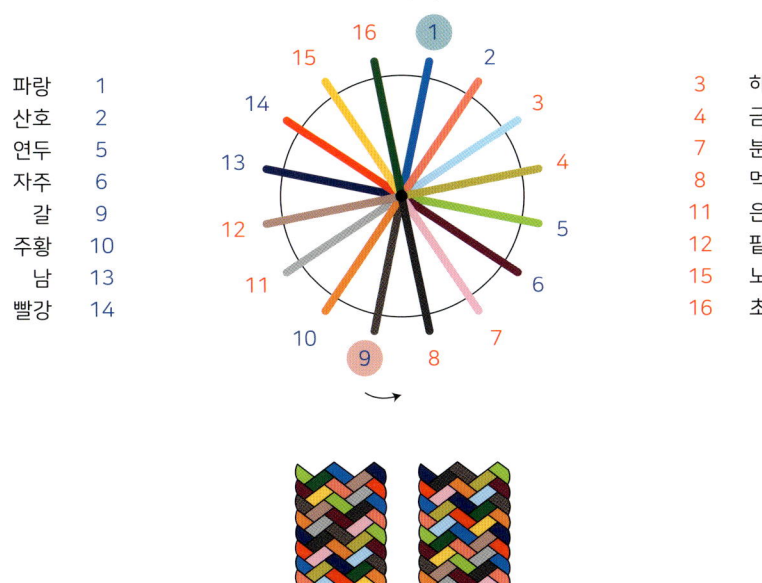

16사 원다회
국화매듭
반   지

다회(20 cm), 금사 끈목(100 cm), 인견사

줄읽, 국화, 되돌리기, 벼나사

1 제작한 다회는 올이 풀리지 않도록 풀 바른 한지를 감아 붙이고 손가락 둘레로 잘라요. 금사 끈목의 중앙에 국화매듭을 맺어요. 한쪽 끈을 매듭의 몸판 사이로 되돌려서(175 참고) 고를 만들고 매듭을 조여요.

2 금사 끈목의 양쪽 끈을 다회의 심지 공간으로 각각 통과시켜 국화매듭의 마주보는 고에 걸어요.

3 국화매듭에 바짝 붙여 금사 끈목의 양쪽 끈으로 각각 줄세옭매듭을 맺어요.

4 줄세옭매듭을 맺고 남은 끈은 잘라요. 다회에 붙인 한지를 떼어내고 줄세옭매듭에 바짝 붙여 벼나사를 5 mm 정도 감아 반지를 완성해요.

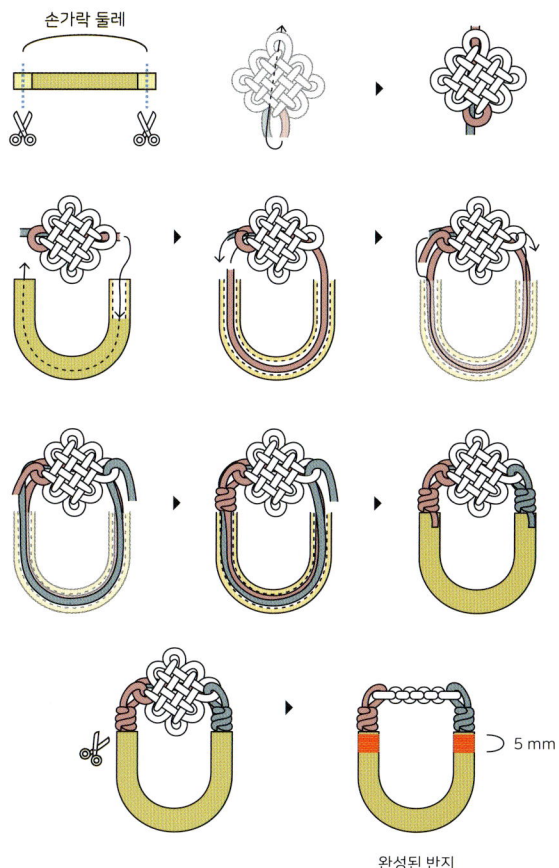

완성된 반지

12사 광다회 전승기법은

12올의 실을 사용해서 다회를 치는 기법으로 다회틀에서 제작합니다.
광다회의 기본이 되는 기법이며 매듭장에 의해 전승되고 있습니다.

올 의 배 열

다회틀의 전면(심지의 좁은 면)을 바라보며, 토짝에 감은 12올의 실(좌사 6올, 우사 6올)을 다회틀에 얹어요. 좌사는 1번, 2번, 4번, 7번, 8번, 10번 위치, 우사는 3번, 5번, 6번, 9번, 11번, 12번 위치에 배열해요.

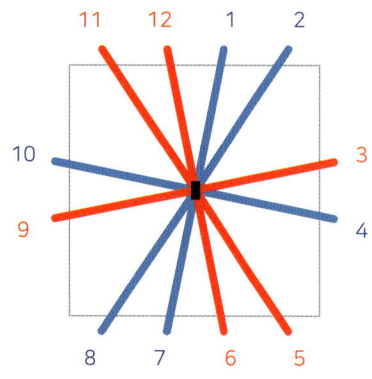

다회틀 상판

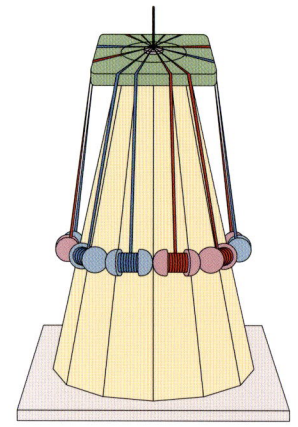

다회틀

올 의 이 동

올을 이동시킬 때는 양손을 동시에 움직이고, 이동하는 올은 이동시킬 올의 회전방향 뒤쪽에서 내려놓아요.

먼저 좌사를 반시계방향으로 회전시켜요. 왼손(●)으로 좌1(1번 위치)을 잡고 오른손(●)으로 좌1'(7번 위치)를 잡아요. ① 좌1은 좌2 자리로, 좌1'는 좌2' 자리로 이동시켜요. ② 계속해서 왼손으로 좌2, 오른손으로 좌2'를 잡아요. 좌2를 좌3 자리로, 좌2'를 좌3' 자리로 이동시켜요. ③ 좌3은 좌1' 자리로, 좌3'는 좌1 자리로 이동시켜요.

이어서 우사를 시계방향으로 회전시켜요. 오른손으로 우1(12번 위치)을 잡고 왼손으로 우1'(6번 위치)를 잡아요. ④ 우1은 우2 자리로, 우1'는 우2' 자리로 이동시켜요. ⑤ 계속해서 오른손으로 우2, 왼손으로 우2'를 잡아요. 우2는 우3 자리로 이동시키고, 우2'는 우3' 자리로 이동시켜요. ⑥ 우3은 우1' 자리로, 우3'는 우1 자리로 이동시켜요.

① ~ ⑥ 과정을 반복해서 다회를 쳐요. 올이 이동할 때 손의 모양은 다음 쪽을 참고해요.

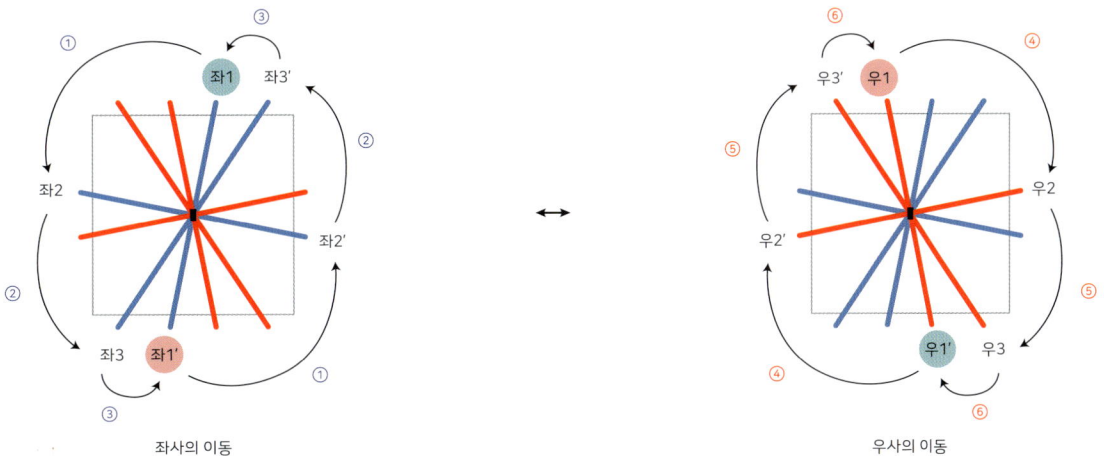

좌사의 이동   우사의 이동

손 의 모 양

올이 이동할 때 손의 모양을 나타낸 것으로 개인에 따라 다소 차이가 있을 수 있어요. 좌사의 이동은 파랑, 우사의 이동은 빨강으로 표시했어요.

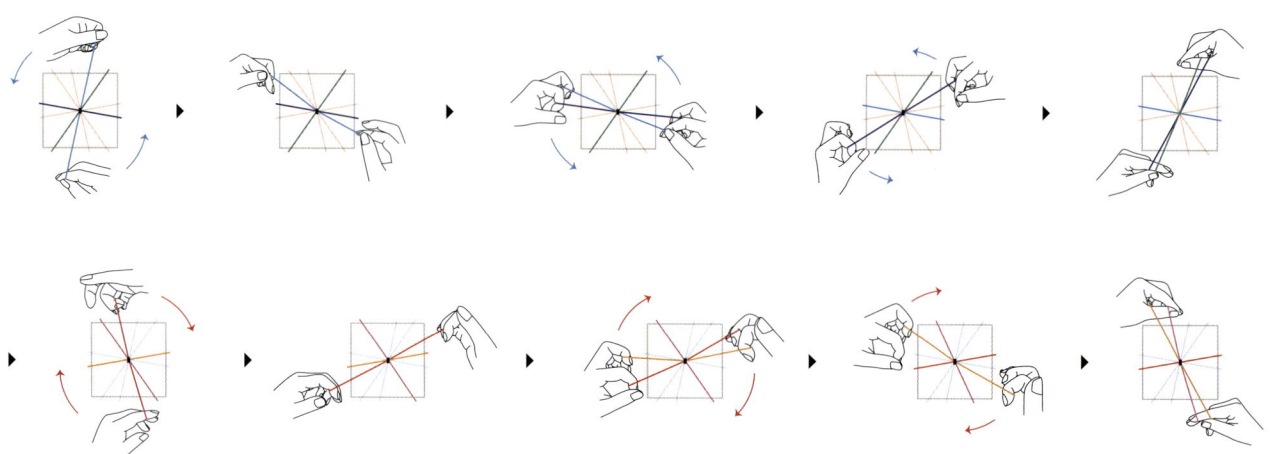

올 의 엮 임

좌사와 우사의 이동에 따라 올의 엮임에 차이가 있고, 올이 엮인 형태를 통해 이동할 올을 확인할 수 있어요. '올을 확인하는 위치(●)'에 우사가 좌사 위에 있으면 좌사를 이동하는 차례이고, 좌사가 우사 위에 있으면 우사를 이동하는 차례예요.

'좌사 이동 차례'에서는 우사(3번, 5번, 9번, 11번 위치의 올)가 좌사 위에 위치하고, '우사 이동 차례'에서는 좌사(2번, 4번, 8번, 10번 위치의 올)가 우사 위에 위치해요.

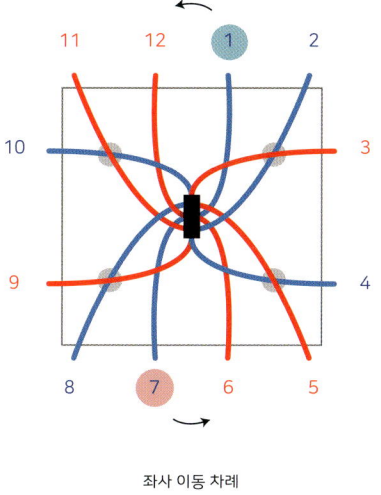

좌사 이동 차례

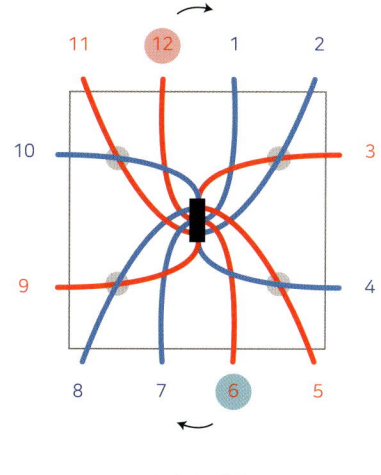

우사 이동 차례

1색 | 1합

1색 | 1합 | 120 cm

연두 6 ▌▎연두 6

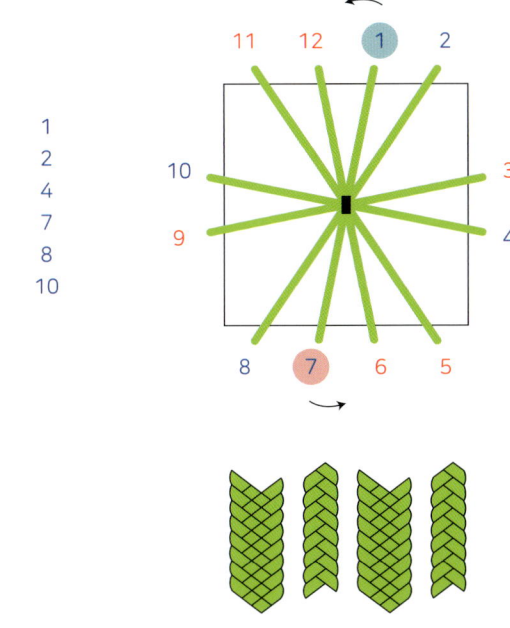

11   12   1   2

연두   1
연두   2
연두   4
연두   7
연두   8
연두 10

10
9
3
4

3   연두
5   연두
6   연두
9   연두
11 연두
12 연두

8   7   6   5

12사 광다회
생 쪽 매 듭
책 갈 피

다회(75 cm), 구슬(4개)

생쪽, 되돌리기, 장식

1 제작한 다회의 왼쪽에서 생쪽매듭을 맺고, 두 번째 생쪽매듭도 왼쪽에서 맺어요. 꼬인 끈을 풀면서 양쪽 끈은 5 cm 이상 남기고, 두 개의 매듭 사이는 책의 세로길이가 되도록 생쪽매듭을 조여요.

2 한쪽 끈을 매듭의 몸판으로 되돌려서 생쪽잎이 각각 4개인 생쪽매듭을 만들고 바느질해서 고정해요. 남은 끈은 매듭에 바투 잘라요.

3 생쪽매듭의 몸판 중앙에 각각 구슬을 달아(178쪽 참고) 책갈피를 완성해요.

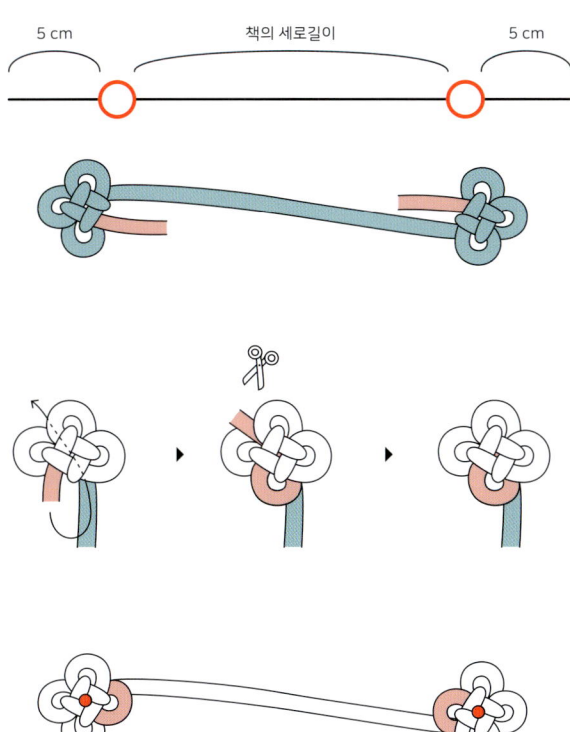

12사
광다회

4색 | 2합

4색 | 2합 | 100 cm

하늘 3, 노랑 3 ▌▐ 주황 3, 파랑 3

하늘	1
하늘	2
노랑	4
노랑	7
노랑	8
하늘	10

3	주황
5	파랑
6	파랑
9	파랑
11	주황
12	주황

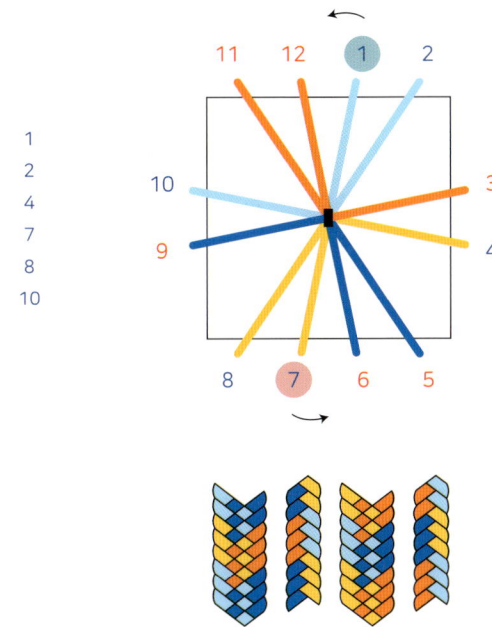

113

다회(40 cm), 금사 끈목(40 cm x 2), 금속 장식, 인견사

연결하기, 벼나사

1 제작한 다회는 올이 풀리지 않도록 풀 바른 한지를 감아 붙이고 손목
   둘레의 두 배로 잘라요. 다회에 금속 장식을 걸어요.

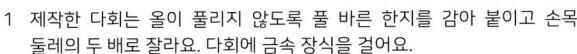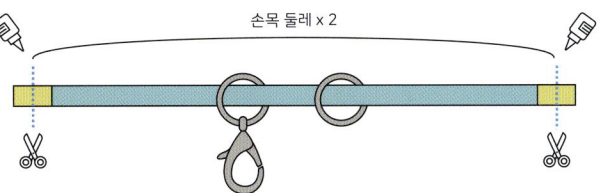

2 심지 공간에 한지 심지를 넣고 다회의 양쪽 단면을 붙여 연결해요.

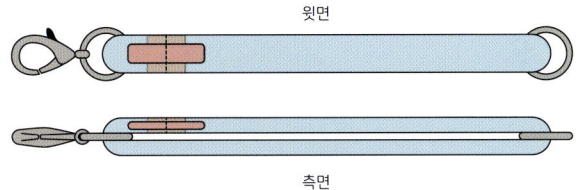

3 다회의 좌우측면(넓은 면)이 서로 맞닿도록 두 줄을 함께 감싸면서 색실로
   벼나사를 8 mm 정도 감아요.

4 벼나사 부분에 금사 끈목으로 한 번 더 벼나사를 감아 팔찌를 완성해요.

3색 | 3합 | 300 cm

분홍 1, 먹 4, 산호 1 ▌▌ 분홍 1, 먹 4, 산호 1

분홍	1
먹	2
먹	4
산호	7
먹	8
먹	10

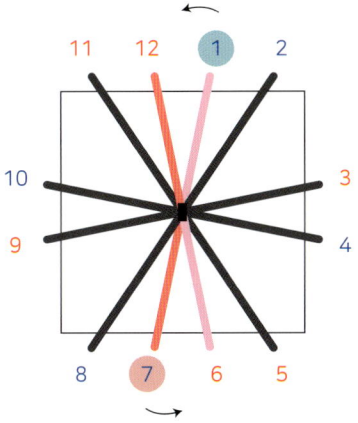

11 12 1 2

10   3

9   4

8 7 6 5

3	먹
5	먹
6	분홍
9	먹
11	먹
12	산호

다회(180 cm)

연봉, 나비날개, 되돌리기

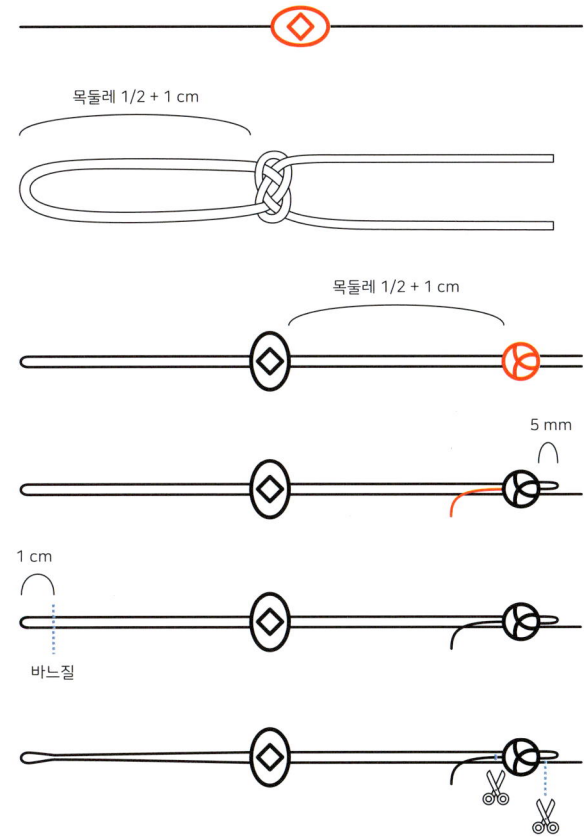

1 제작한 다회의 중앙에 나비날개매듭(164쪽 참고)을 맺어요.

2 매듭의 한쪽 고를 목둘레 1/2 + 1 cm 정도로 조절해요.

3 나비날개매듭을 중심으로 생각하고 연봉매듭을 맺어요. 연봉매듭을 나비
   날개매듭에서 목둘레의 1/2 + 1 cm 정도 띄우고 조여요.

4 한쪽 끈을 연봉매듭의 몸판으로 되돌리며 5 mm 정도 고를 만들고
   바느질해서 고정해요.

5 중심고에서 1 cm 정도 띄워 다회의 전후면(좁은 면)을 서로 바느질해요.

6 남은 끈은 매듭에 바투 잘라 목걸이를 완성해요. 목걸이는 바느질해서
   만든 고에 연봉매듭을 끼워 착용해요.

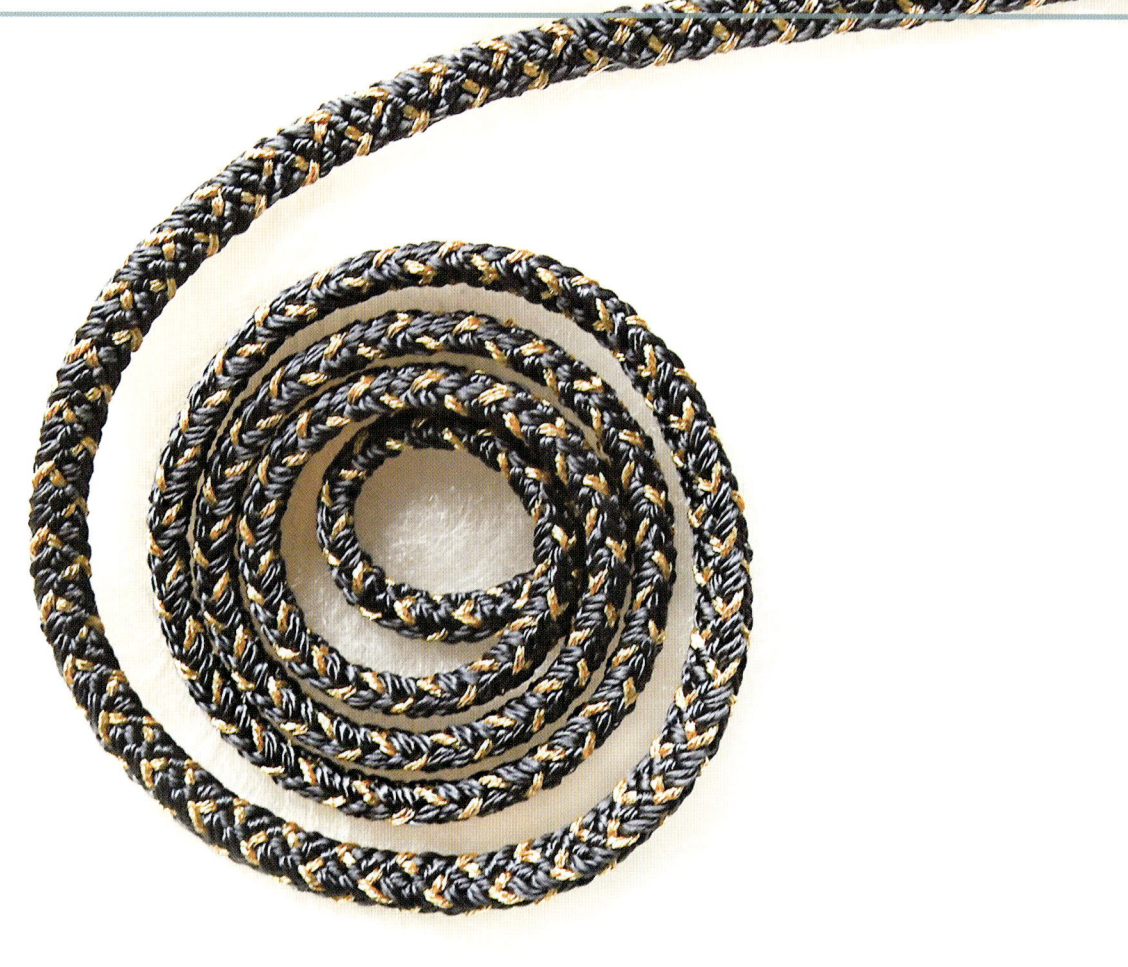

2색 | 2합 | 100 cm

먹 4, 금 2 ❚❚ 먹 4, 금 2

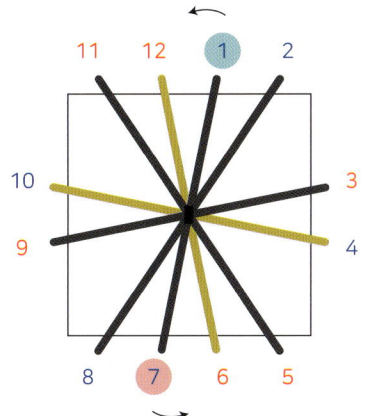

먹 1
먹 2
금 4
먹 7
먹 8
금 10

3 먹
5 먹
6 금
9 먹
11 먹
12 금

11 12 1 2
10 3
9 4
8 7 6 5

12사 광다회
나 비 날 개
매 듭 태 슬

다회(60 cm), 금사 끈목(70 cm), 인견사

가락지, 나비날개, 연결하기, 벼나사

1 제작한 다회의 중앙에 나비날개매듭을 맺어요.

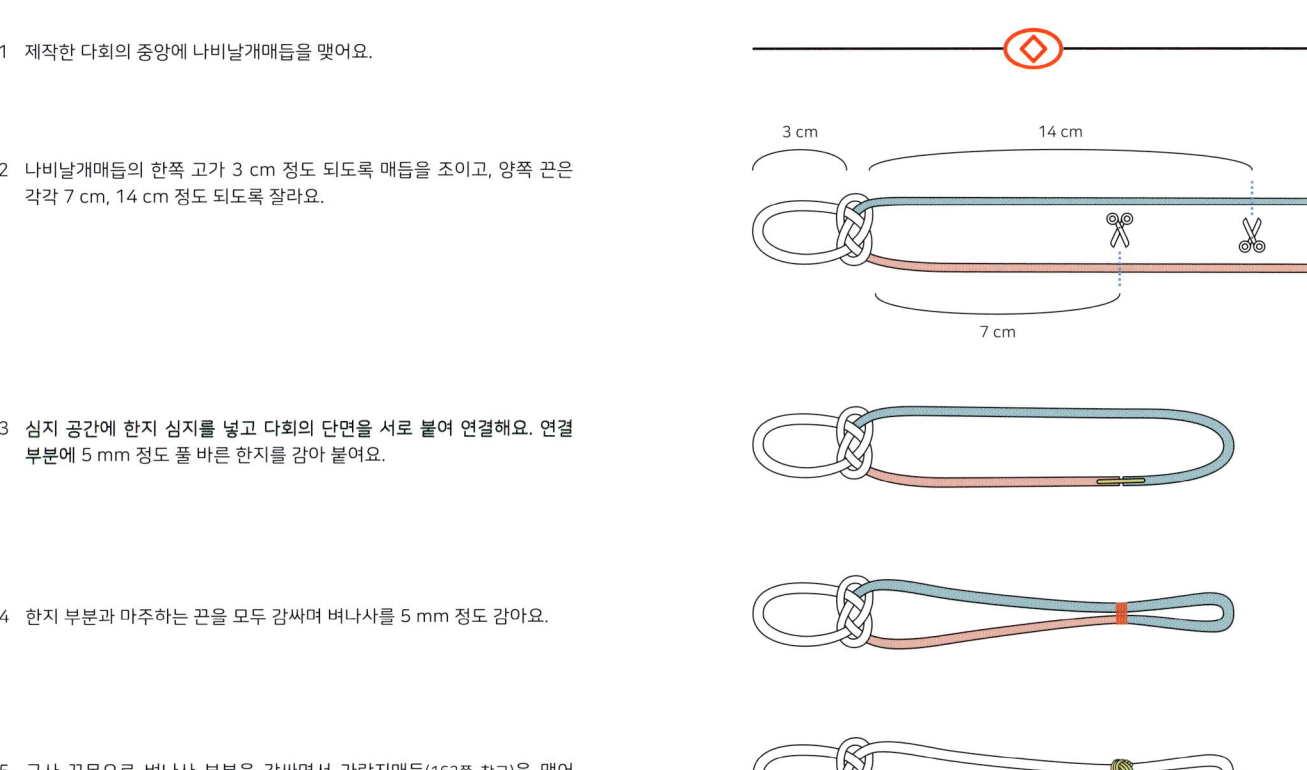

2 나비날개매듭의 한쪽 고가 3 cm 정도 되도록 매듭을 조이고, 양쪽 끈은
각각 7 cm, 14 cm 정도 되도록 잘라요.

3 cm

14 cm

7 cm

3 심지 공간에 한지 심지를 넣고 다회의 단면을 서로 붙여 연결해요. 연결
부분에 5 mm 정도 풀 바른 한지를 감아 붙여요.

4 한지 부분과 마주하는 끈을 모두 감싸며 벼나사를 5 mm 정도 감아요.

5 금사 끈목으로 벼나사 부분을 감싸면서 가락지매듭(163쪽 참고)을 맺어
태슬을 완성해요.

12색 | 1합

12색 | 1합 | 100 cm

노랑 1, 자주 1, 분홍 1, 빨강 1, 초록 1, 진남 1 ▮▮ 하늘 1, 갈 1, 은 1, 연두 1, 산호 1, 파랑 1

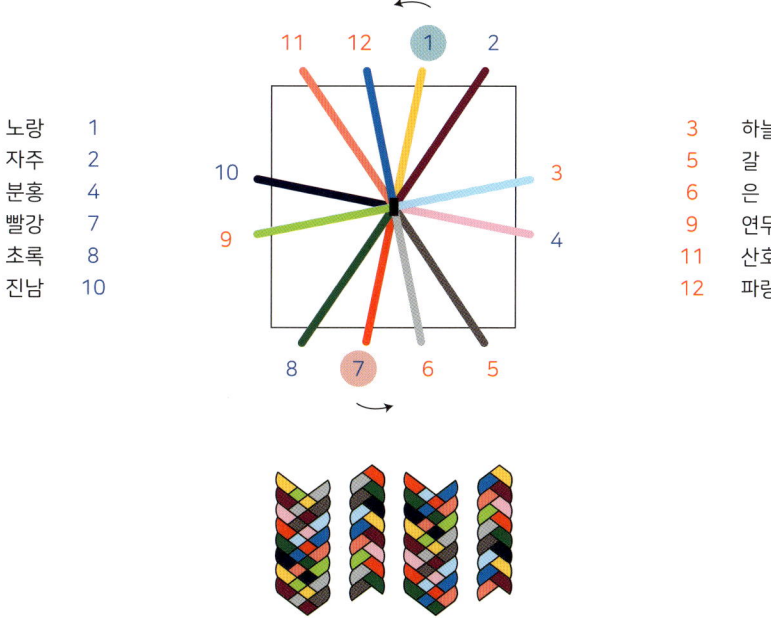

노랑	1
자주	2
분홍	4
빨강	7
초록	8
진남	10

3	하늘
5	갈
6	은
9	연두
11	산호
12	파랑

다회(60 cm)

동심결, 되돌리기

1 제작한 다회로 동심결매듭(166쪽 참고)을 중간 과정까지 엮고 고의 크기가
각각 4 cm 정도 되도록 조절해요. ① 부분의 a1 끈으로 3 cm 정도 크기의
고를 만들고 오른쪽으로 옮겨요. 다른 한쪽(a2 끈)도 오른쪽으로 옮겨서 a1
끈으로 만든 고 위로 올려요. ④ 부분 고를 아래로 내려요.

2 ③ 부분 고를 왼쪽으로 이동시켜요. ① 부분 끈이 이동하며 만든 공간
(노랑부분)으로 ② 부분 고를 통과시켜요. 매듭을 조이고 네 모서리의 날개
받침을 동그랗게 펼쳐 동심결매듭을 맺어요.

3 한쪽 끈(a2 끈)을 매듭 몸판으로 되돌려 손가락이 통과되는 고를 만들어요.
되돌린 끈이 빠지지 않도록 바느질해서 고정하고, 남은 끈은 매듭에 바투
잘라 반지를 완성해요.

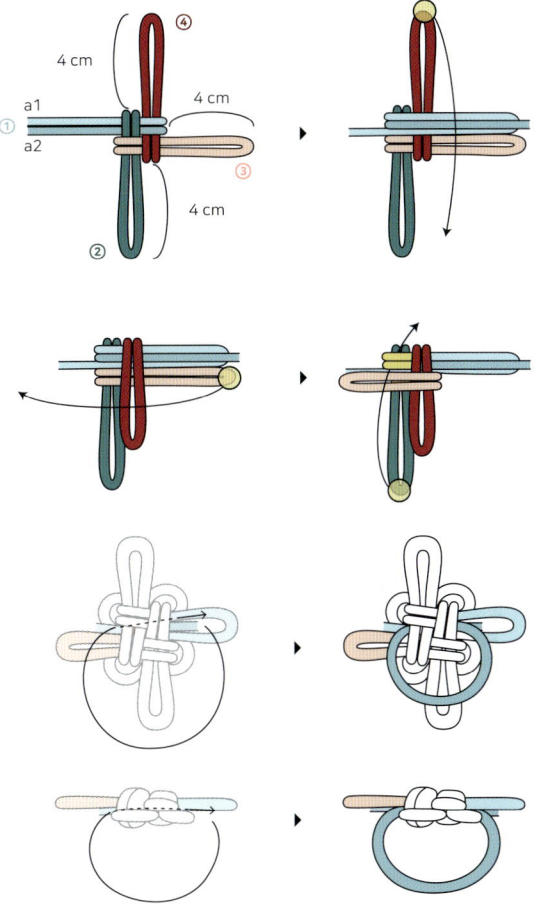

복원기법

16사 광다회 복원기법은
16올의 실을 사용해서 다회를 치는 기법으로 다회틀에서 제작합니다.
12사 광다회(전승기법)의 제작원리를 기반으로 하며, 4올을 추가해서
제작하는 다회입니다.

올 의 배 열

다회틀의 전면(심지의 좁은 면)을 바라보며, 토짝에 감은 16올의 실(좌사 8올, 우사 8올)을 다회틀에 얹어요. 좌사는 1번, 2번, 3번, 5번, 9번, 10번, 11번, 13번 위치, 우사는 4번, 6번, 7번, 8번, 12번, 14번, 15번, 16번 위치에 배열해요.

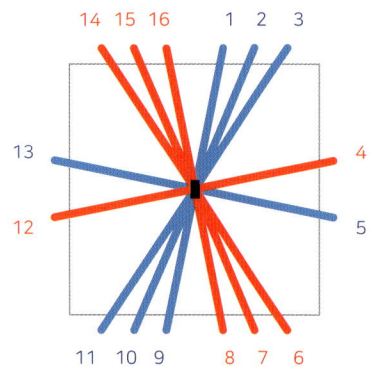

다회틀 상판

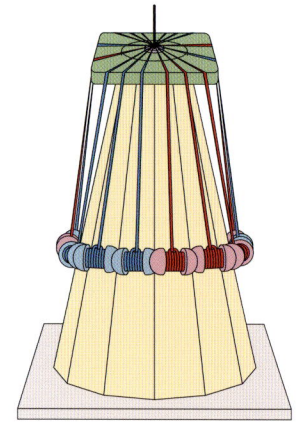

다회틀

올 의 이 동

올을 이동시킬 때는 양손을 동시에 움직이고, 이동하는 올은 이동시킬 올의 회전방향 뒤쪽에서 내려놓아요.

먼저 좌사를 반시계방향으로 이동시켜요. 왼손(●)으로 좌1(1번 위치)을 잡고 오른손(●)으로 좌1'(9번 위치)를 잡아요. ① 좌1은 좌2 자리로, 좌1'는 좌2' 자리로 이동시켜요. ② 계속해서 왼손으로 좌2, 오른손으로 좌2'를 잡아요. 좌2를 좌3 자리로, 좌2'를 좌3' 자리로 이동시켜요. ③ 좌3은 좌4 자리로, 좌3'는 좌4' 자리로 이동시켜요. ④ 좌4는 좌1' 자리로, 좌4'는 좌1 자리로 이동시켜요.

이어서 우사를 시계방향으로 이동시켜요. 오른손으로 우1(16번 위치)을 잡고 왼손으로 우1'(8번 위치)를 잡아요. ⑤ 우1은 우2 자리로, 우1'는 우2' 자리로 이동시켜요. ⑥ 계속해서 오른손으로 우2, 왼손으로 우2'를 잡아요. 우2는 우3 자리로 이동시키고, 우2'는 우3' 자리로 이동시켜요. ⑦ 우3은 우4 자리로, 우3'는 우4' 자리로 이동시켜요. ⑧ 우4는 우1' 자리로, 우4'는 우1 자리로 이동시켜요. ① ~ ⑧ 과정을 반복해서 다회를 쳐요. 올이 이동할 때 손의 모양은 다음 쪽을 참고해요.

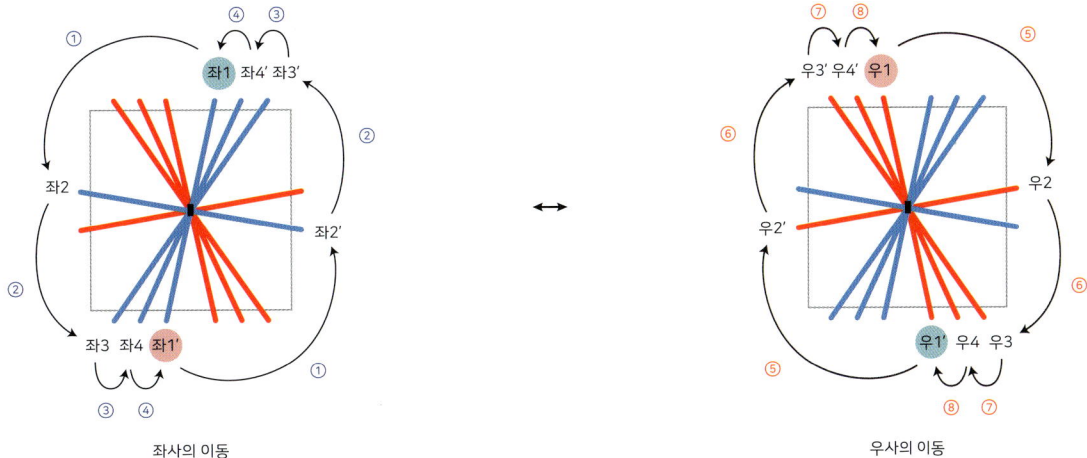

좌사의 이동   우사의 이동

손   의   모   양

올이 이동할 때 손의 모양을 나타낸 것으로 개인에 따라 다소 차이가 있을 수 있어요. 좌사의 이동은 파랑, 우사의 이동은 빨강으로 표시했어요.

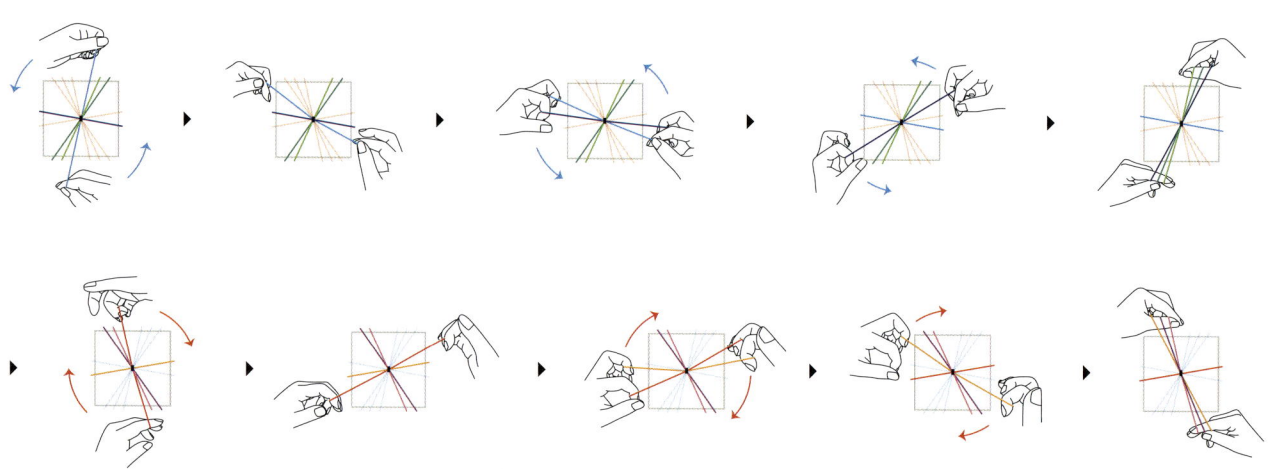

올   의   엮   임

좌사와 우사의 이동에 따라 올의 엮임에 차이가 있고, 올이 엮인 형태를 통해 이동할 올을 확인할 수 있어요. '올을 확인하는 위치(⬤)'에서 우사가 좌사 위에 있으면 좌사를 이동할 차례이고, 좌사가 우사 위에 있으면 우사를 이동할 차례예요.

'좌사 이동 차례'에서는 우사(4번, 6번, 12번, 14번 위치의 올)가 좌사 위에 위치하고, '우사 이동 차례'에서는 좌사(3번, 5번, 11번, 13번 위치의 올)가 우사 위에 위치해요.

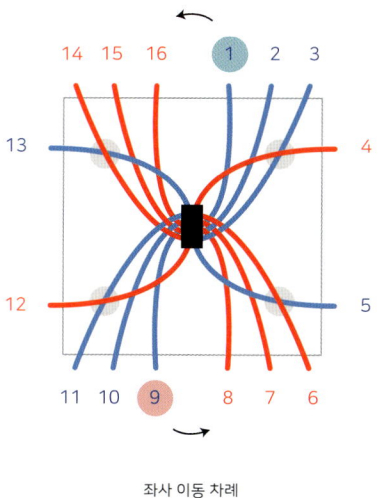

좌사 이동 차례

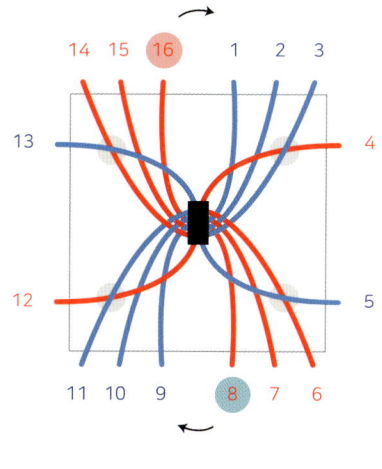

우사 이동 차례

2색 | 1합 | 100 cm

초록 4, 빨강 4 ▮▮ 초록 4, 빨강 4

초록	1			4	초록
빨강	2			6	빨강
빨강	3			7	빨강
초록	5			8	초록
초록	9			12	초록
빨강	10			14	빨강
빨강	11			15	빨강
초록	13			16	초록

14 15 16 1 2 3

13

12

4

5

11 10 9   8 7 6

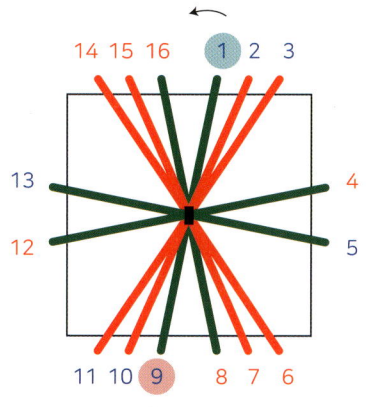

16사 광다회
잠자리매듭
책갈피

다회(60 cm), 금사 끈목(60 cm)

줄읽, 도래, 연봉, 잠자리날개, 장식

1 제작한 다회의 중앙에 연봉매듭을 맺어요. 고와 한쪽 끈이 5 mm 정도 되도록 매듭을 조여요.

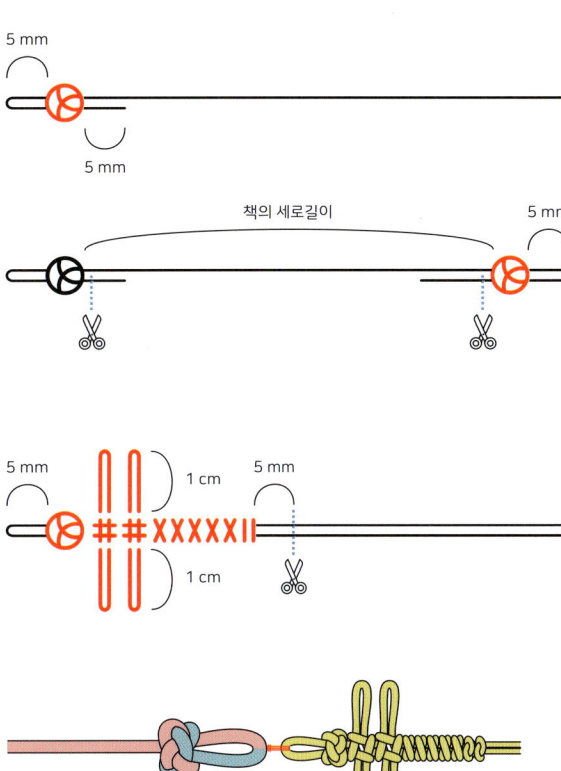

2 길이가 긴 한쪽 끈의 가운데를 중심으로 생각하고 연봉매듭을 한 개 더 맺어요. 두 개의 연봉매듭 사이는 책의 세로길이, 고는 5 mm 정도 되도록 매듭을 조여요. 남은 끈은 매듭에 바투 잘라요.

3 금사 끈목으로 잠자리매듭(연봉 1개, 잠자리날개 2개, 도래 5개, 줄외옭 2개)을 맺어요. 두 번째 줄외옭매듭에서 5 mm 정도 띄우고 잘라요.

4 연봉매듭의 고에 잠자리매듭을 장식(179쪽 참고)으로 달아 책갈피를 완성해요.

5색 | 2합 | 50 cm

빨강 8 ▌▌ 진남 2, 초록 2, 파랑 2, 하늘 2

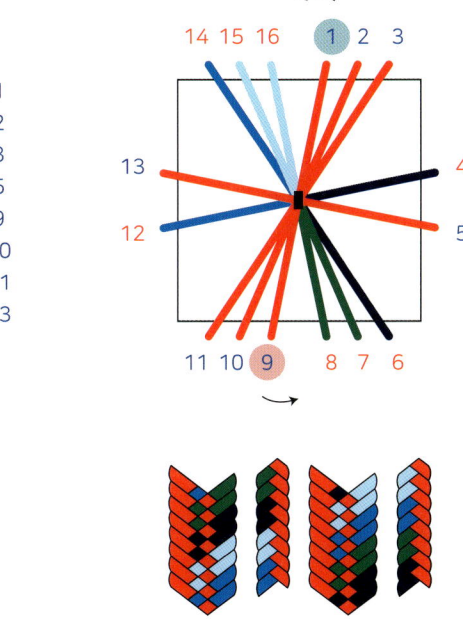

빨강	1			4	진남
빨강	2			6	진남
빨강	3			7	초록
빨강	5			8	초록
빨강	9			12	파랑
빨강	10			14	파랑
빨강	11			15	하늘
빨강	13			16	하늘

다회(25 cm), 금사 끈목(40 cm), 금속 장식, 금사, 참장식(3개)

도래, 외줄도래, 벼나사, 장식

1 제작한 다회는 올이 풀리지 않도록 풀 바른 한지를 감아 붙이고 손목 둘레로 잘라요.

2 금사 끈목에 금속 장식을 걸고 한쪽이 7 cm 정도 되도록 접어요. 접은 부분에서 5 mm 정도 띄우고 금속 장식이 빠지지 않도록 도래매듭을 맺어요. 짧은 끈은 1 cm 정도 남기고 잘라요.

3 금사 끈목을 다회의 심지 공간으로 통과시켜 도래매듭과 다회의 단면을 바짝 붙여요.

4 다회를 통과한 금사 끈목에 O링을 걸어요. 제작한 다회에 바짝 붙여 외줄도래매듭(171쪽 참고)을 맺어요. 남은 끈목은 1 cm 정도 남기고 잘라 다회의 심지 공간으로 넣어요.

5 다회를 자르기 위해 붙인 한지를 떼어내고 도래매듭에 바짝 붙여 벼나사를 1 cm 정도 감아요.

6 팔찌의 중심과 양쪽으로 1 cm 정도 떨어진 위치에 참장식을 달아 팔찌를 완성해요.

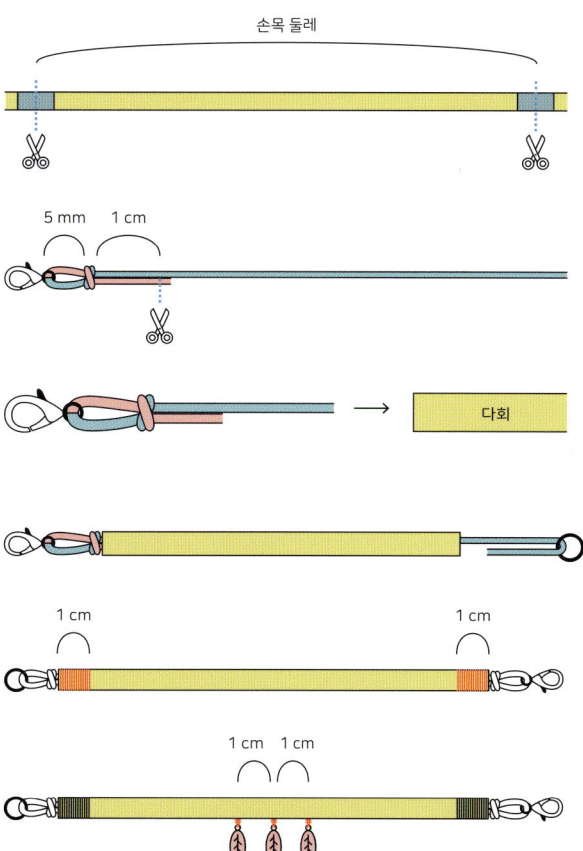

16사
광다회

4색 | 2합

4색 | 2합 | 120 cm

팥죽 4, 자주 4 ▮▮ 분홍 4, 빨강 4

팥죽	1
팥죽	2
팥죽	3
팥죽	5
자주	9
자주	10
자주	11
자주	13

4	분홍
6	분홍
7	분홍
8	분홍
12	빨강
14	빨강
15	빨강
16	빨강

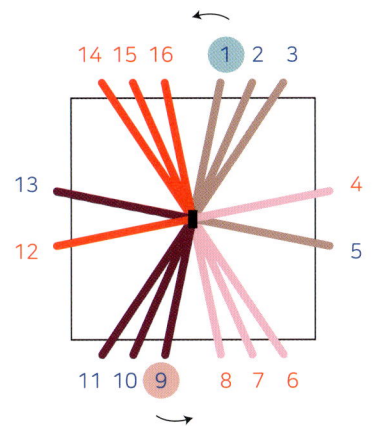

14 15 16   1 2 3

13

12

4

5

11 10 9   8 7 6

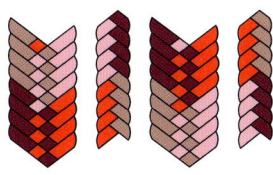

다회(70 cm), 금속 장식, 구슬(10개)

16사 광다회
가락지매듭
목 걸 이

가락지, 장식

1 제작한 다회의 중앙에 일봉가락지매듭을 맺어요.

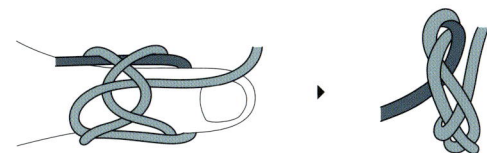

2 가락지매듭 양쪽으로 21 cm 정도 띄워 풀 바른 한지를 감아 붙이고 금속
   장식의 깊이에 맞춰 잘라요.

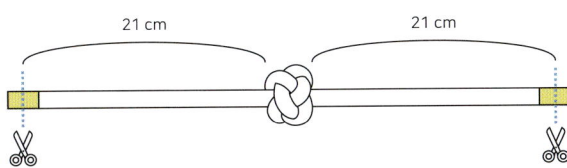

3 가락지매듭에서 세 줄이 모여 생긴 모든 삼각형 부분에 구슬을 달아요.

4 다회의 양쪽 끝에 접착제를 바르고 금속 장식을 끼워 목걸이를 완성해요.

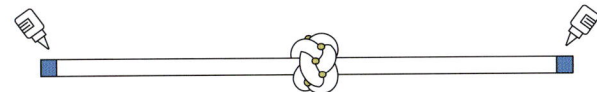

16사
광다회

5색 | 2합

5색 | 2합 | 100 cm

진남 3, 금 2, 파랑 3 ▮▮ 빨강 3, 금 2, 초록 3

진남	1
진남	2
진남	3
금	5
파랑	9
파랑	10
파랑	11
금	13

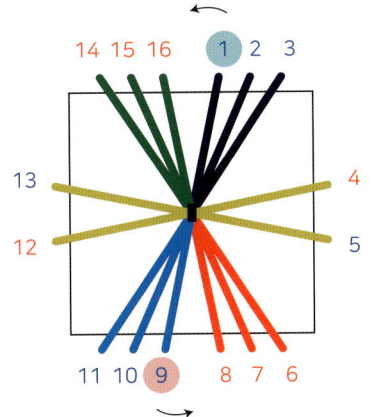

14 15 16   1 2 3

13

12

4

5

11 10 9   8 7 6

4	금
6	빨강
7	빨강
8	빨강
12	금
14	초록
15	초록
16	초록

147

다회(60 cm), 금사 끈목(70 cm), 인견사

도래, 연봉, 동심결, 벼나사

1 금사 끈목으로 중심고는 8 cm, 양쪽 고는 5 cm 정도 되도록 열십(十)자 모양을 만들고 동심결매듭을 맺어요.

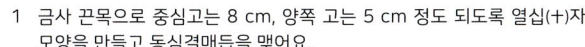

2 동심결매듭에서 3 cm 정도 띄우고 도래매듭을 맺어요. 도래매듭에서 3 mm 정도 띄우고 잘라요.

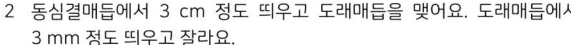

3 동심결매듭과 도래매듭 사이에 제작한 다회를 걸어요. 동심결매듭을 중심으로 생각하고 연봉매듭을 맺어요. 연봉매듭 속으로 도래매듭이 들어가도록 매듭을 조여요.

4 연봉매듭에서 12 cm 정도 띄워 양쪽 끈에 각각 벼나사를 5 mm 정도 감고, 남은 끈은 잘라 태슬을 완성해요.

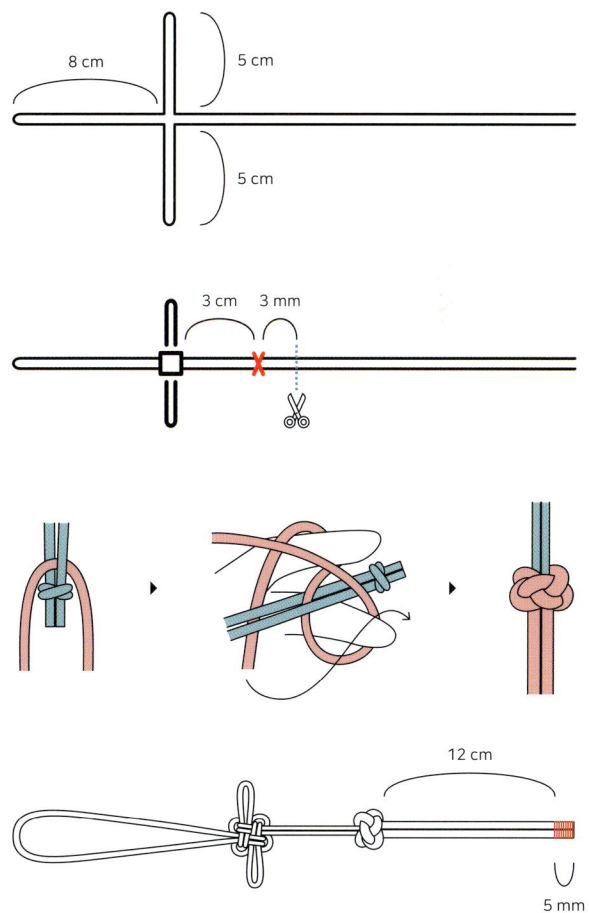

8색 | 1합 | 50 cm

은 1, 팥죽 1, 산호 1, 빨강 1, 자주 1, 파랑 1, 초록 1, 진남 1 ▌▌ 은 1, 팥죽 1, 산호 1, 빨강 1, 자주 1, 파랑 1, 초록 1, 진남 1

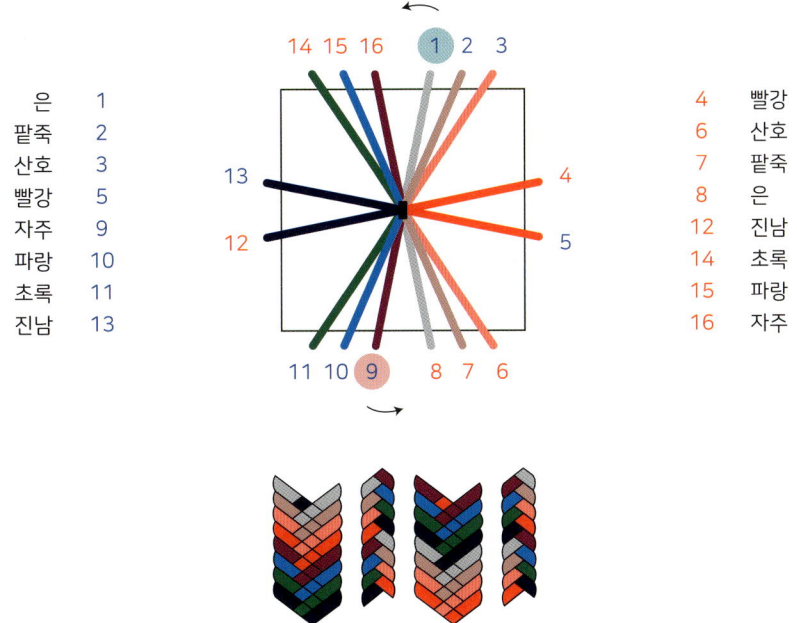

은	1
팥죽	2
산호	3
빨강	5
자주	9
파랑	10
초록	11
진남	13

4	빨강
6	산호
7	팥죽
8	은
12	진남
14	초록
15	파랑
16	자주

다회(20 cm), 은사 끈목(30 cm), 구슬

연결하기, 벼나사, 장식

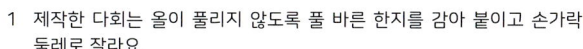

1 제작한 다회는 올이 풀리지 않도록 풀 바른 한지를 감아 붙이고 손가락
   둘레로 잘라요.

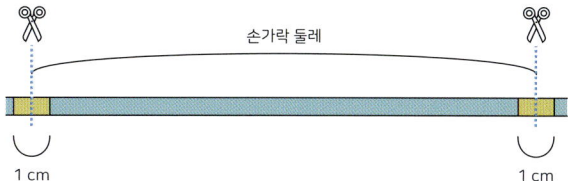

2 심지 공간에 한지 심지를 넣고 다회의 단면을 서로 붙여 연결해요. 연결
   부분에 풀 바른 한지를 감아 붙여요.

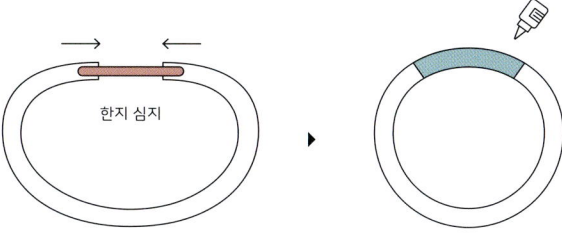

3 풀이 마르면 한지 부분에 은사 끈목으로 벼나사를 감고 벼나사 위에
   구슬을 달아 반지를 완성해요.

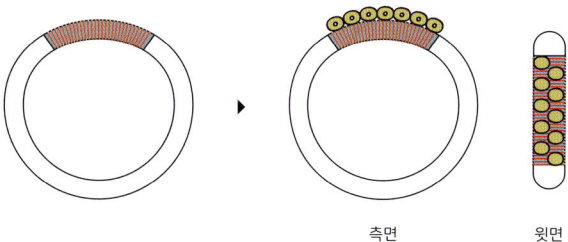

손 끝 으 로 치 는
한 국 다 회 DIY

부　　록

채 화 원 CHAECIE

부록에서는 소품 제작에 필요한 전통매듭기법과 마무리 방법을 수록하고 있습니다.

소품은 다회의 전승과 현대적 활용을 위하여 개발·디자인되었으며,

전통매듭은 『한국전통매듭 첫 번째 이야기』를 참고하였습니다.

목　　차

옭 매 듭

◆ 끈목을 왼손으로 잡고 검지에 걸쳐요. a2 끈을 검지에 돌려 감아 고를 만들어요. a2 끈을 만들어진 고의 왼쪽에서 오른쪽으로 통과시키고 엮은 매듭을 손가락에서 빼내요. a1 끈과 만든 고를 왼손으로 잡은 상태에서 a2 끈을 오른손으로 당겨 매듭을 조여요. 고의 개수를 증가시킬 때는 먼저 만든 고의 왼쪽에 새로운 고를 추가해요.

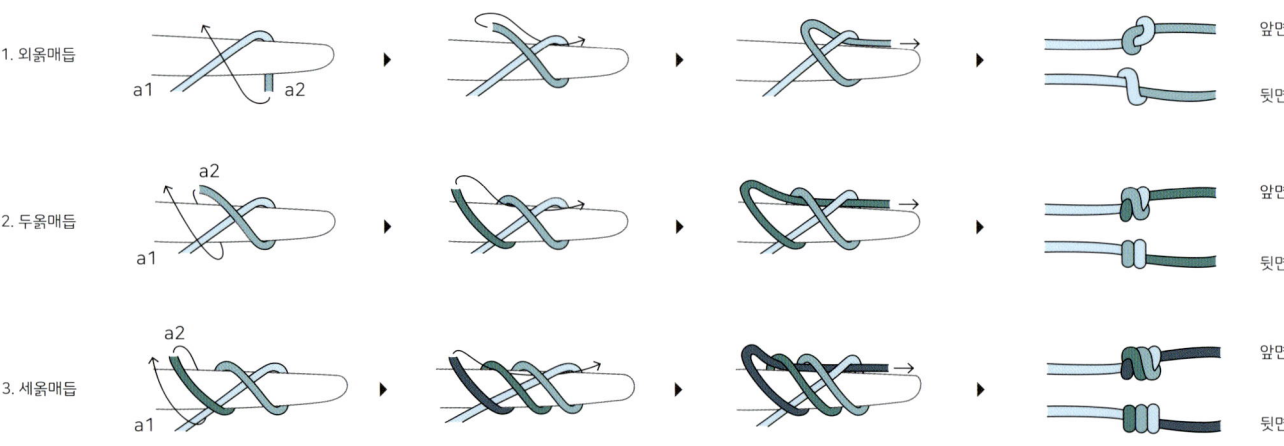

1. 외옭매듭

2. 두옭매듭

3. 세옭매듭

앞면

뒷면

줄 옳 매 듭

◈ A 끈으로 B 끈을 감싸면서 고를 만들어요. 고를 만든 끈을 고의 왼쪽에서 오른쪽으로 통과시켜요. 왼손 엄지와 검지로 고를 앞에서 뒤로 돌리면서 A 끈을 오른손으로 당겨 매듭을 조여요.

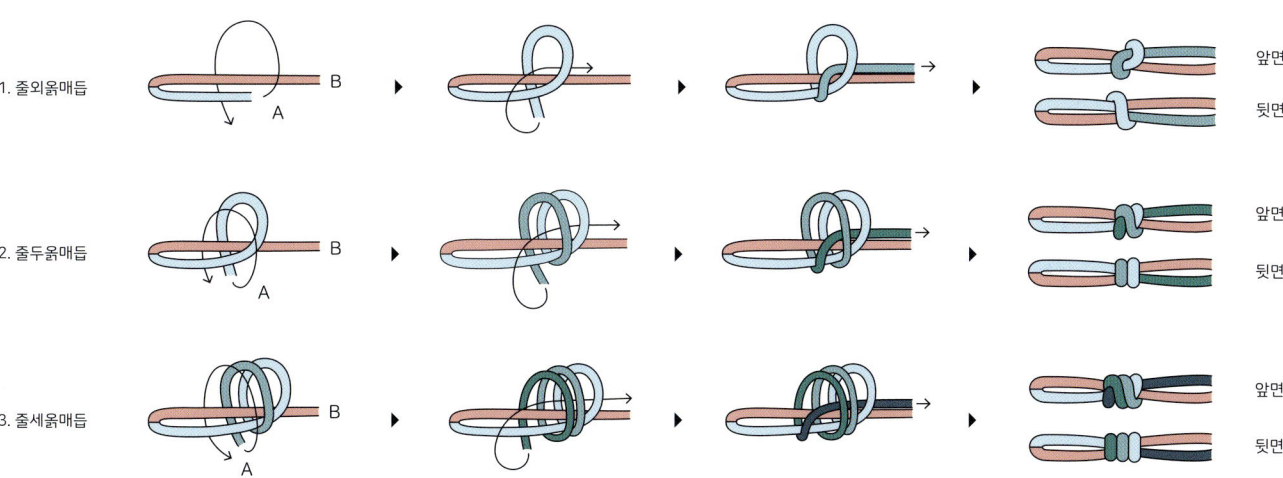

1. 줄외옳매듭

2. 줄두옳매듭

3. 줄세옳매듭

도 래 매 듭

◆ A 끈으로 B 끈을 감싸면서 고를 만들고 만든 고의 왼쪽에서 오른쪽으로 통과시켜요. 고를 앞에서 뒤로 밀어 한 바퀴 돌리고 A 끈으로 만든 고의 오른쪽에 B 끈으로 두 번째 고를 만들어요. B 끈을 두 개의 고 왼쪽에서 오른쪽으로 통과시켜요. A 끈을 당기면서 A 끈으로 만든 고의 크기를 줄여요. B 끈으로 만든 고를 뒤로 밀어 반 바퀴 돌려 X자 형태가 되도록 맞추고 B 끈을 당겨서 고의 크기를 줄여요.

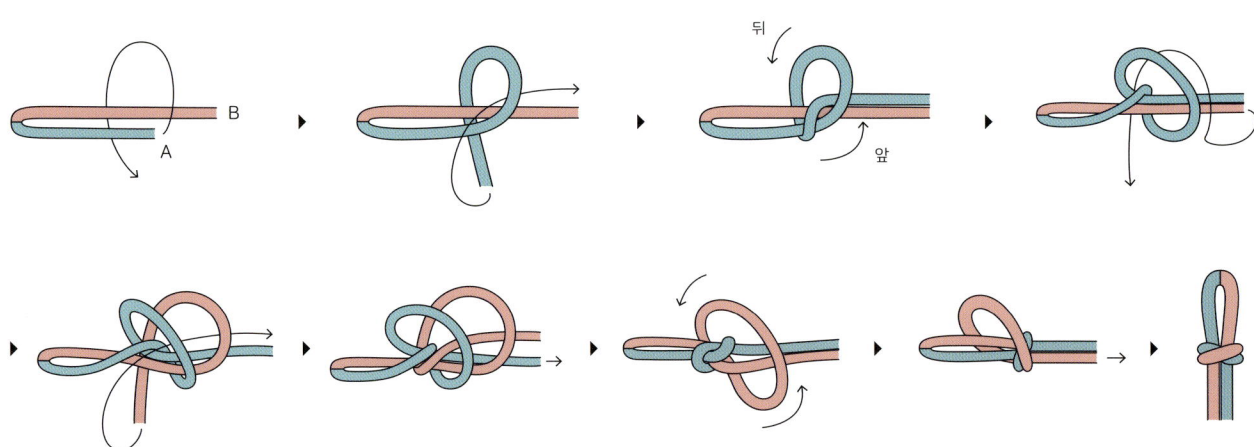

생 쪽 매 듭

◆ ① 부분으로 고를 만들고 ② 부분으로 ① 부분 고를 감싸는 고를 한 개 더 만들어요. ③ 부분으로 고를 만들어 ① 부분 고에 통과시켜요. ③ 부분 고를 아래로 내려서 ② 부분 고의 두 줄이 반 정도 걸쳐지도록 해요. ③ 부분 고를 아래로 내리면서 생긴 ② 부분 고에 ④ 부분을 뒤에서 앞으로 통과시켜요. ③ 부분 고를 원래 위치로 이동시켜요. 양쪽 끈과 세 개의 생쪽잎을 당겨 몸판을 만들고 매듭을 조여요.

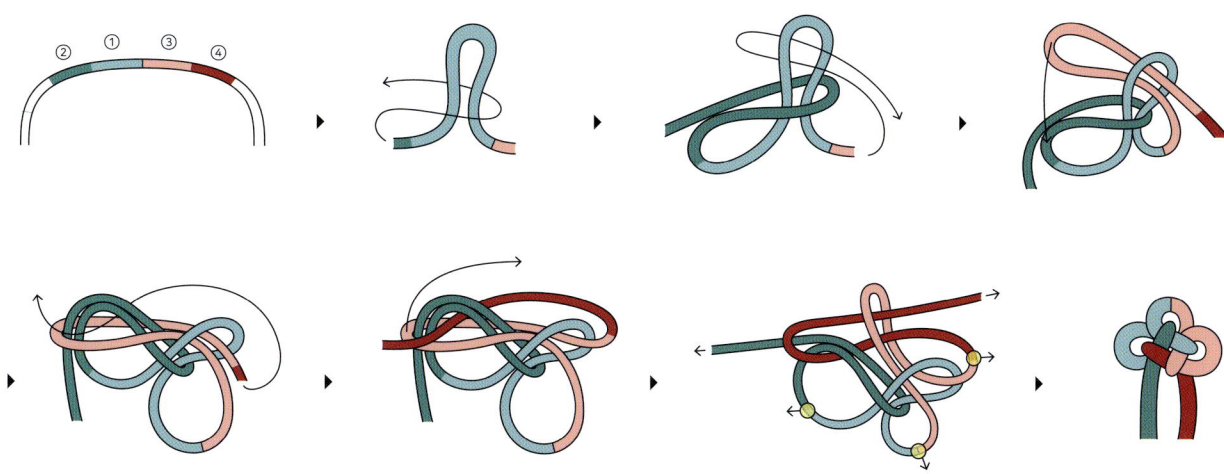

연 봉 매 듭

◈ 끈목을 왼손 검지에 걸고 B 끈을 중지 뒤로 돌려 감아요. A 끈도 중지 뒤로 넘겨 8자 모양을 만들어요. A 끈을 검지에서 만들어진 위쪽 고에 아래에서 위로 통과시켜요.
B 끈은 중지에서 만들어진 아래쪽 고에 아래에서 위로 통과시켜요. B 끈을 반시계방향으로 회전시켜 중심의 왼쪽 고에 위에서 아래로 통과시켜요. A 끈도 반시계방향으로
회전시켜 중심의 오른쪽 고에 위에서 아래로 통과시켜요. 중심을 위로 당기면서 A 끈과 B 끈을 모아 아래로 천천히 당겨 매듭의 형태를 잡아요. 끈목이 이동한 방향을 따라
매듭을 줄이고 각각의 연봉 꽃잎 길이가 균일하도록 조여요.

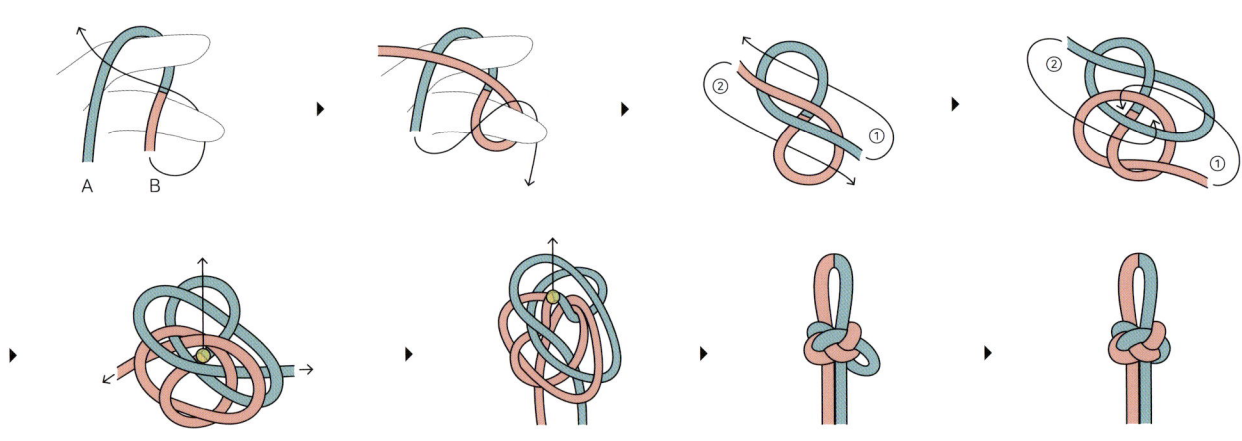

가 락 지 매 듭

◈ 왼손으로 한쪽 끝(a2 끈)을 잡고, 엄지에 a1 끈을 두 번 돌려 감아요. 손톱에 가까이 위치한 끈을 멀리 위치한 끈 위로 올려 X자 형태를 만들어요. X자 형태에 a1 끈을 그림과 같이 통과시켜요. 다음 과정부터 a1 끈만 사용해요. 손가락에 엮어진 끈을 반 바퀴 돌려 뒷면의 형태가 보이게 해요. 이전 과정과 동일한 방법으로 손톱에 가까이 위치한 끈을 멀리 위치한 끈의 위로 겹쳐 올려요. 겹쳐 생긴 고에 a1 끈을 왼쪽에서 오른쪽으로 통과시켜요. 손가락에서 엮은 매듭을 빼내고 a1 끈이 a2 끈의 오른쪽에서 평행하게 세 줄이 될 때까지 이동시켜요. 가락지매듭은 만들어지는 줄의 개수에 따라 일봉, 이봉, 삼봉가락지매듭 등으로 불려요.

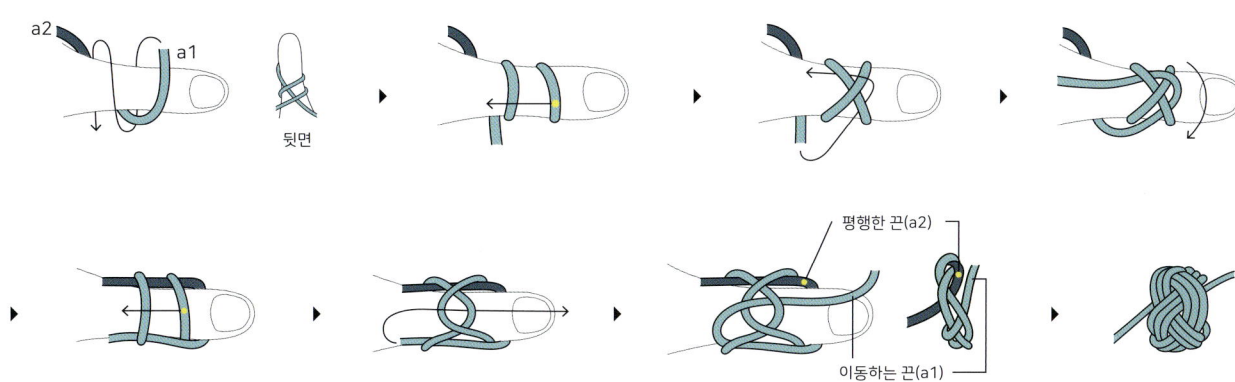

163

나 비 날 개 매 듭

◈ a1 끈을 a2 끈 위로 올려 고를 만들고 왼손 엄지와 검지로 a1 끈과 a2 끈이 교차되는 위치를 잡아요. a1 끈으로 엄지손톱 위를 지나 처음 만든 고의 뒤로 돌려 두 번째 고를 만들어요. 두 번째 만든 고를 처음 만든 고에 반 정도 겹쳐요. 두 번째 만든 고의 사이로 a2 끈을 당겨 중심부와 겹쳐 잡아요. 겹쳐 잡아 만들어진 고에 a1을 통과시켜요. a1 끈, a2 끈과 두 번째 고를 당겨요.

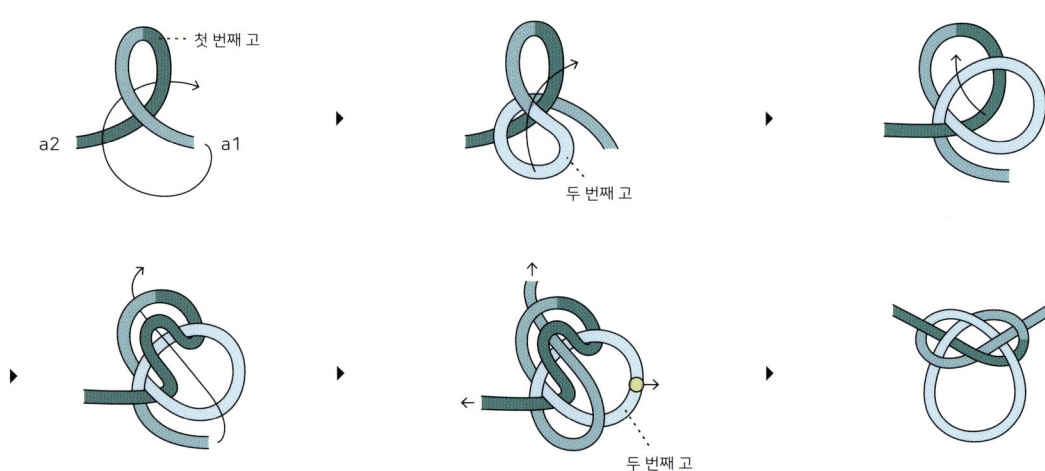

잠 자 리 날 개 매 듭

◈ B 끈을 A 끈의 위로 놓고 고를 만들어요. 만들어진 고에 B 끈을 아래에서 위로 통과시켜요. A 끈은 처음 만든 고의 아래로, B 끈은 위로 올려 양쪽 날개고를 만들어요. B 끈을 A 끈으로 만든 날개의 아래를 지나 교차 부분 오른쪽 고의 뒤에서 앞으로 통과시켜요. A 끈을 B 끈으로 만든 날개의 위를 지나 교차 부분 왼쪽 고의 앞에서 뒤로 통과시켜요. 중심, 양쪽 날개고, A 끈과 B 끈을 동시에 당기고 매듭을 조여요.

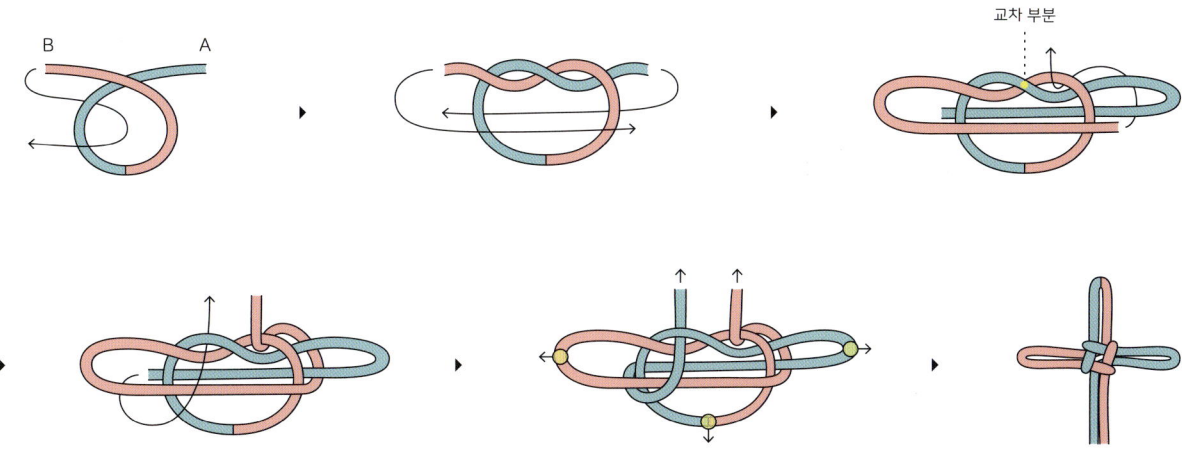

동 심 결 매 듭

◆ 끈목을 반으로 접고 중심고와 양쪽 고를 열십(+)자 모양으로 만들어요. ① 부분 끈부터 ④ 부분 고까지 반시계방향으로 이동시켜요. ① 부분을 ①′ 로, ② 부분 고를 ②′ 로, ③ 부분 고를 ③′ 로 옮겨요. ④ 부분 고를 ① 부분 끈이 이동하며 만든 공간 사이로 통과시켜 ④′ 로 보내요. ① 부분 끈, ② 부분 고, ③ 부분 고, ④ 부분 고를 당겨 조여요. ① 부분을 오른쪽으로 옮겨요. ④ 부분 고를 아래로 옮기고 ③ 부분 고를 왼쪽으로 옮겨요. ② 부분 고를 ① 부분 끈이 이동하며 만든 공간 사이로 통과시켜요. 매듭을 사방으로 당겨 조이고 네 모서리의 날개받침을 동그랗게 펼쳐요.

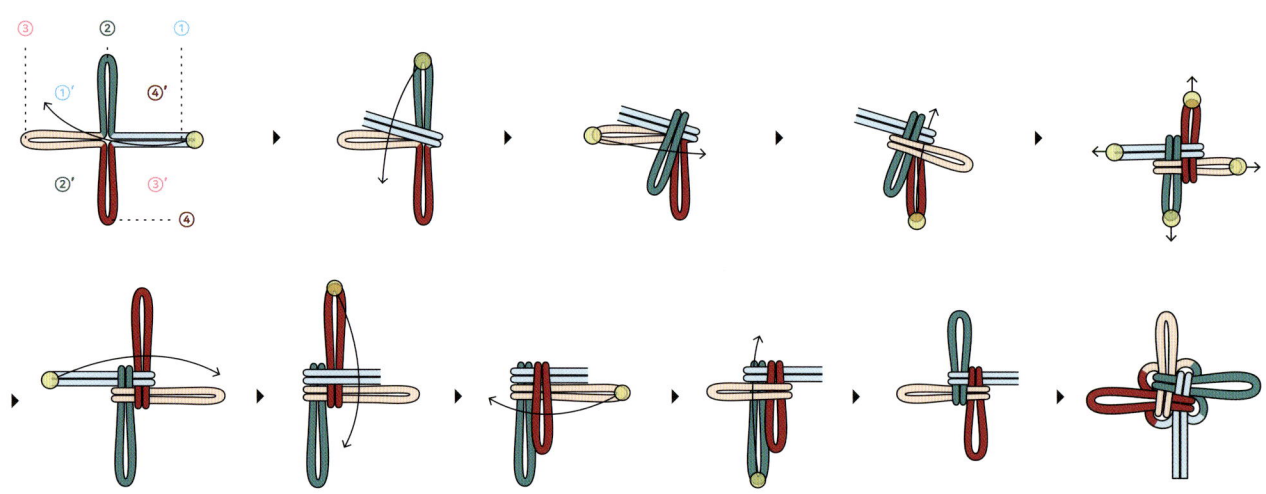

◆ 오른쪽에 위치한 끈을 왼쪽 끈 위로 올려 고를 만들고, 위로 올린 끈을 만든 고의 아래에서 위로 통과시키는 방법으로 네 개의 고를 만들어요. 고를 만들기 위해 교차된 부분의 사이 공간에 아래에서 위로 왼손 엄지를 통과시켜요. 엄지가 통과한 공간을 따라 A 끈은 중심고의 앞쪽에서, B 끈은 중심고의 뒤쪽에서 위에서 아래로 통과시켜요. 왼손 엄지가 통과한 공간에 오른손 엄지를 함께 넣고 끈목의 순서가 바뀌도록 완전히 뒤집어요. 중심과 A 끈, B 끈만 동시에 천천히 당겨 매듭 몸판의 형태를 잡고 몸판 양쪽의 끈을 당겨요. 당겨진 양쪽 끈을 줄이고 매듭을 조여요.

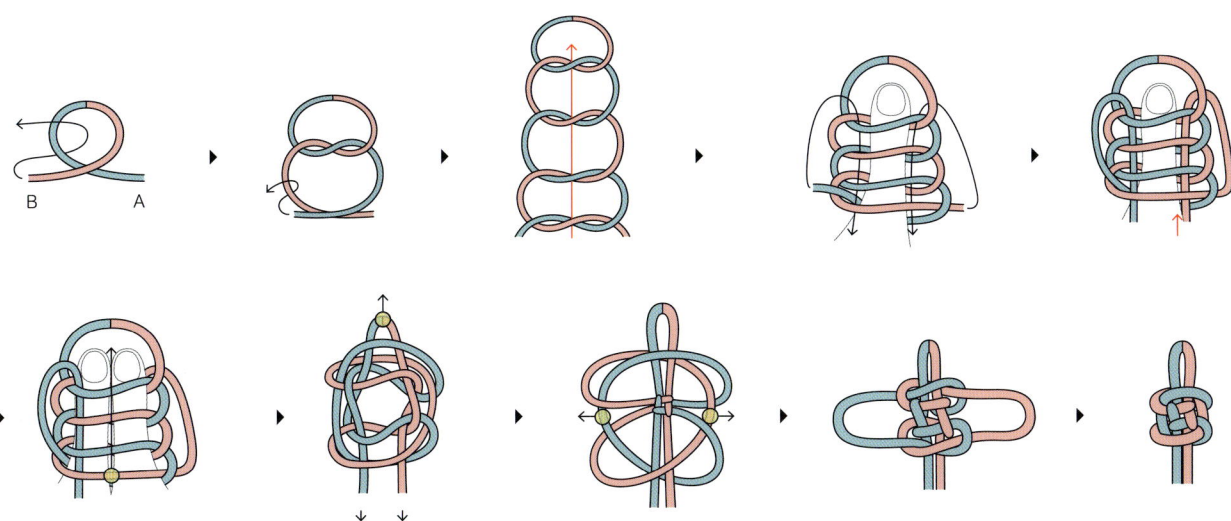

국 화 매 듭

◈ 오른손 검지, 중지, 약지를 가지런히 붙이고 B 끈을 돌려 감아 두 개의 고(b1 고, b2 고)를 만들어 왼손으로 옮겨 잡아요. A 끈으로 두 개의 고 아래에 한 개의 고(a 고)를 더
만들어요. a 고의 한쪽을 b1 고와 b2 고에 걸고 다른 한쪽을 오른쪽으로 얽어요. B 끈을 b2 고와 b1 고에 통과하고 a 고에 통과시켜요. B 끈을 b1 고와 b2 고에 다시
통과시켜 원래 자리로 되돌리고 a 고를 원래 상태로 펼쳐요. 다음은 이전 과정과 동일해요. a 고의 한쪽을 b1 고와 b2 고에 걸어요. a 고의 다른 한쪽을 얽어요. B 끈을 b2
고와 b1 고에 통과하고 a 고에 통과시켜요. B 끈을 b1 고와 b2 고에 다시 통과시켜 원래 자리로 되돌려요.

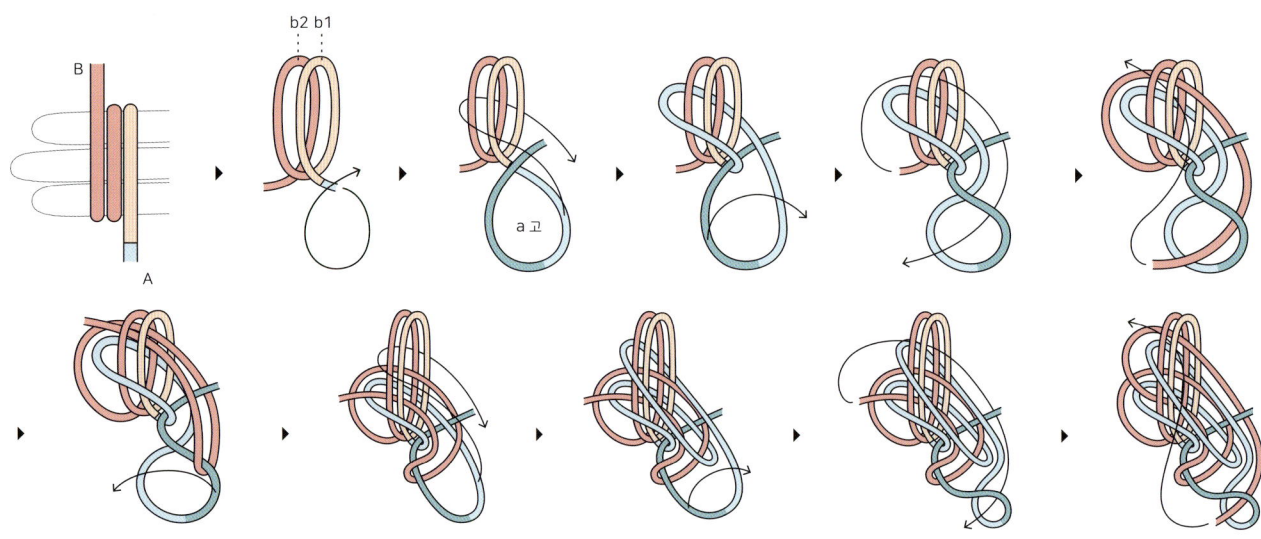

국 화 매 듭

◈ b1 고와 b2 고의 사이에 오른손 검지를 끼워요. 엮인 끈목을 오른손 검지에서 빼내 그대로 왼손 검지에 옮겨 끼워요. 손가락이 통과된 지점에서 A 끈을 세로방향의 B 끈 아래로, A 끈의 위로 통과시켜요. 손가락에서 매듭을 빼내고 좌우로 뒤집어 뒷면이 보이도록 하고, 왼손 검지에 다시 끼워요. A 끈을 b1 고의 아래에서 위로 지나 손가락이 통과된 지점에서 세로방향의 A 끈 위로, B 끈의 아래로 통과시켜요. 고를 당겨 몸판의 형태를 잡고 손가락에서 빼내요. 몸판을 마름모꼴로 만들고 매듭을 조여요.

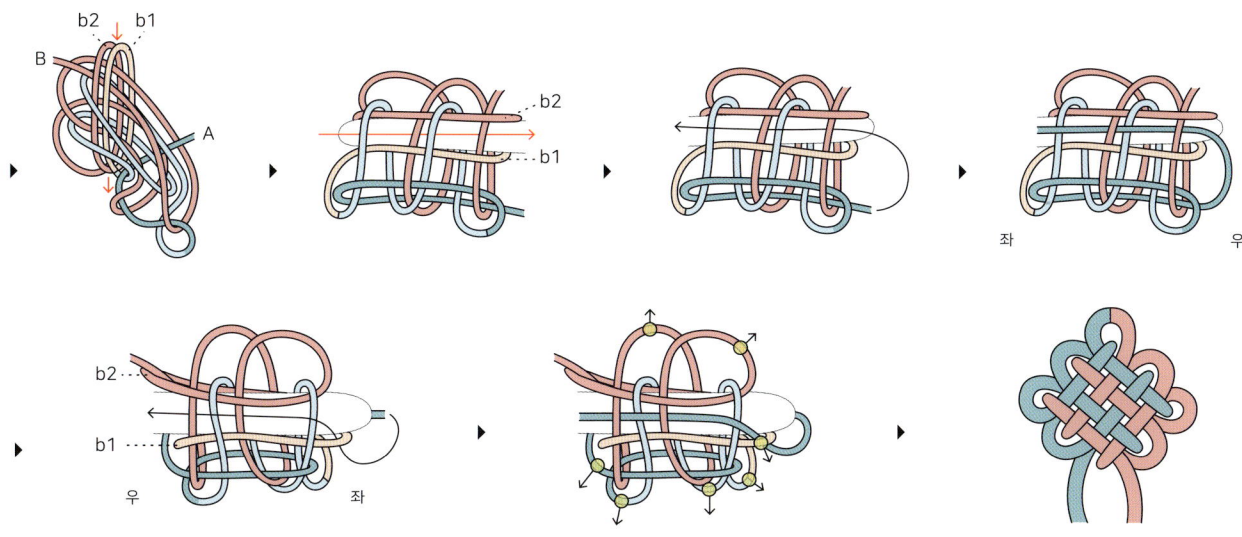

고 리 매 듭

◆ 고리매듭

한쪽 끈을 다른 한쪽 끈의 위로 올려 한 바퀴 돌리고 위로 올린 끈을 다시 위로 올려요. 위로 올린 끈을 고에 통과시키고 양쪽 끈을 강하게 당겨 풀리지 않도록 조여요.
① 방법은 매듭이 아래에서 위로 맺어지며, ② 방법은 매듭을 위에서 아래로 맺을 때 사용해요.

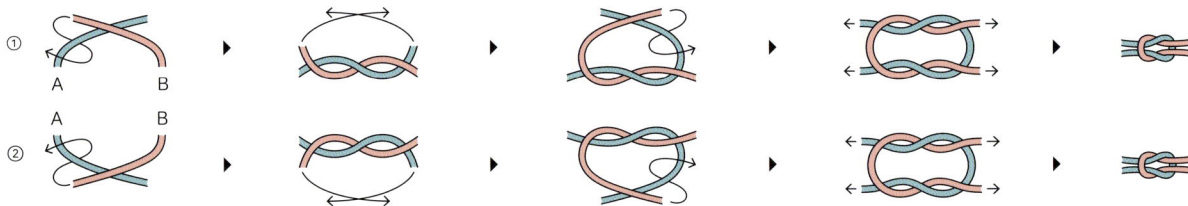

◆ 줄고리매듭

고리매듭과 동일한 원리로 끈을 감싸면서 맺어요. 매듭을 반복해 맺어 연속된 형태의 고리매듭이나 문양을 만들 수 있어요. A 끈과 B 끈 사이에 감쌀 끈을 위치시켜요.
B 끈을 감쌀 끈 위로 올리고 A 끈을 B 끈 위로 올려요. 감쌀 끈 아래를 지나 B 끈 위로 빼내요. 이전 과정과 같이 B 끈을 감쌀 끈 위로 올리고 A 끈을 B 끈 위로 올려요. 감쌀
끈 아래로 지나 B 끈 위로 빼내요. 양쪽 끈을 당겨 단단하게 조여요.

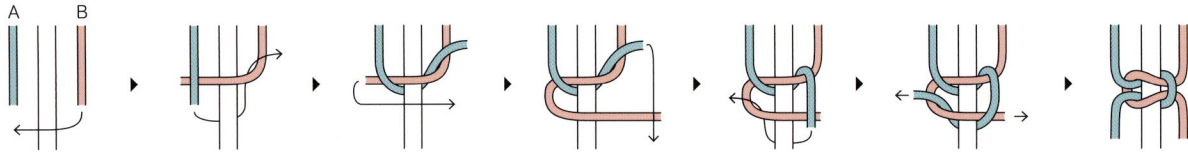

외 줄 도 래 매 듭

◈ A 끈으로 고를 만들고 중심이 고의 뒤쪽 중앙에 위치하도록 해요. 왼손 엄지를 고의 왼쪽에서 오른쪽으로 통과시켜 중심이 왼손 엄지 위에 놓이도록 해요. 왼손 엄지를 손등쪽으로 젖혀 중심고를 빼내요. 중심고를 반 바퀴 회전시켜 A 끈이 B 끈의 앞쪽에 위치하도록 해요. 다음 과정부터는 도래매듭을 맺는 방법과 동일해요. B 끈으로 두 번째 고를 만들어요. B 끈을 두 개의 고 왼쪽에서 오른쪽으로 통과시켜요. A 끈을 당겨 A 끈으로 만든 고의 크기를 줄여요. B 끈으로 만든 고를 앞에서 뒤로 반 바퀴 회전시켜 X자 형태가 되도록 맞춰요. 매듭의 몸판을 잡고 B 끈을 당겨 고의 크기를 줄여요.

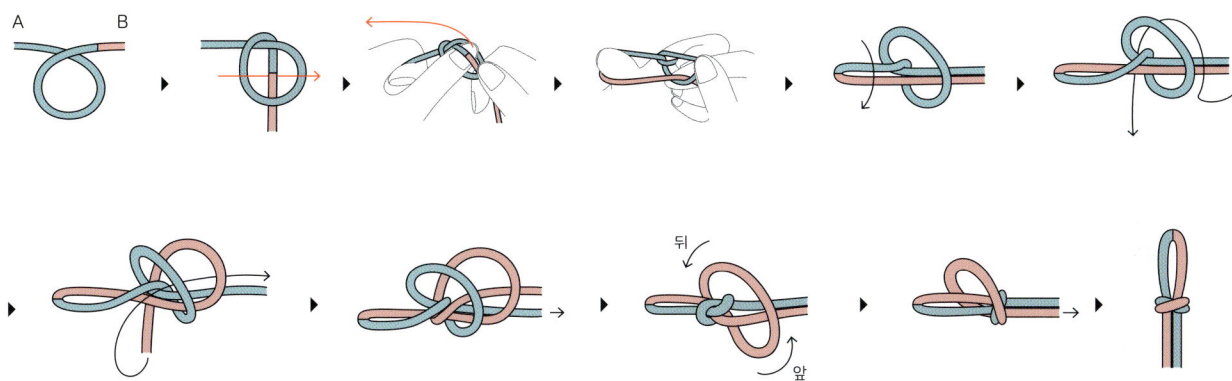

◆ 풀 바르고 자르기
다회의 올풀림을 방지하기 위해 자를 위치가 포함되도록 풀을 1 cm 정도 발라요. 풀이 마르면 끈을 자르고 단면에도 풀을 발라 건조시켜요.

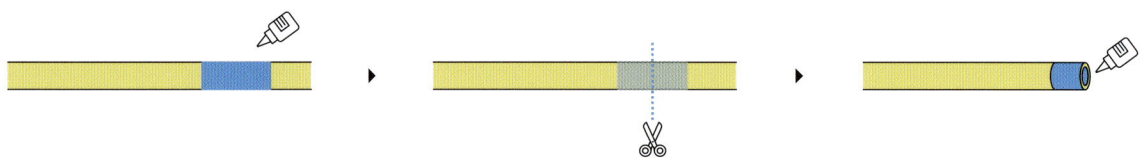

◆ 한지 붙이고 자르기
너비 1 cm 정도의 한지에 풀을 충분히 발라요. 자를 위치에 한지를 감아 붙여요. 끈을 자르고 단면에 풀을 발라 건조시켜요.

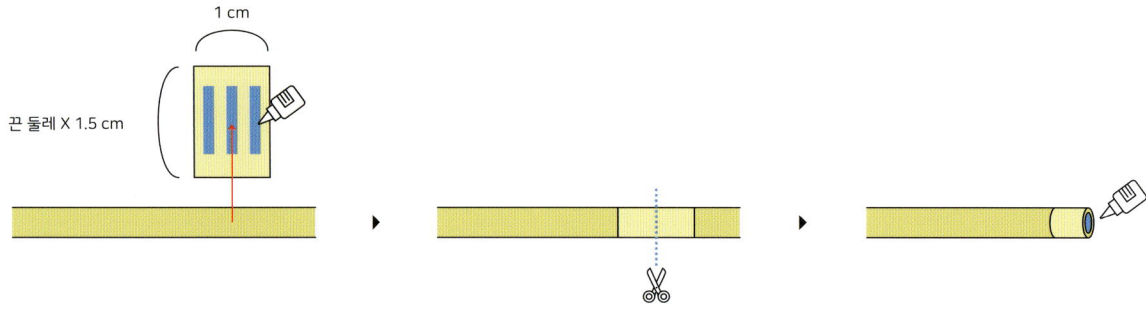

자 르 기

◆ 올 풀고 자르기

다회에 바느질하거나 벼나사를 감아 올이 더이상 풀리지 않도록 해요. 하나의 올을 이루고 있는 여러 가닥의 실은 송곳이나 바늘귀 부분을 이용해서 풀어요. 실이 손상되지 않도록 유의하며 한 방향으로 여러 회차에 걸쳐 풀어요. 풀린 올은 김을 쐬어 곧게 펴고 끝부분을 맞춰 잘라요.

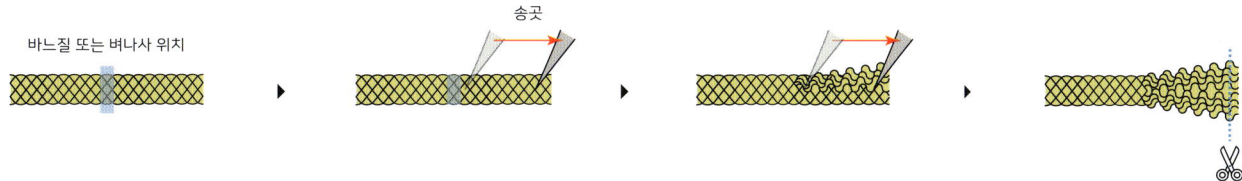

◆ 풀 먹이고 자르기

자를 위치를 포함하여 1 cm 정도 촘촘하게 바느질해요. 바느질한 부분을 묽은 풀(180쪽 참고)에 1 ~ 2분 정도 담그고 2 ~ 3분 정도 김을 쐬어(181쪽 참고) 풀이 충분히 스미도록 해요. 풀이 마르면 바느질 부분을 2 ~ 3 mm 정도 남기고 잘라요.

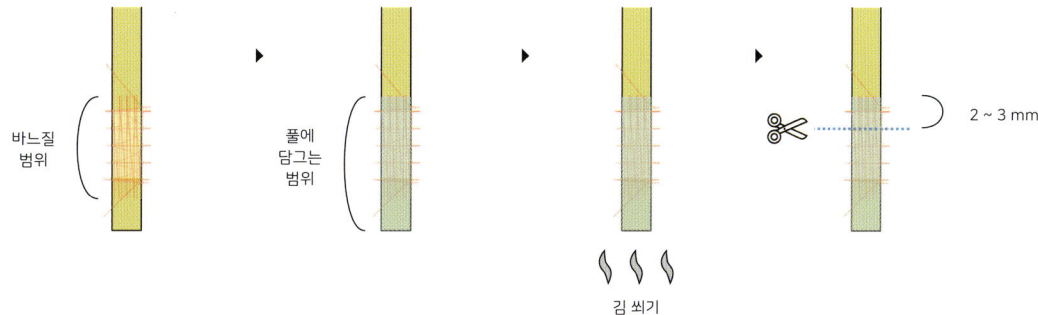

연 결 하 기

◆ 나란하게 연결하기

끈을 나란하게 두고 한쪽 끝에 1 ~ 2회 바느질해서 실을 고정해요. 실이 보이지 않도록 바늘이 나온 위치에 바늘을 다시 통과시켜 사선과 직선으로 번갈아 바느질해요. 바늘땀의 간격은 5 ~ 8 mm 정도로 필요에 따라 왕복으로 바느질해요. 남은 실은 1 ~ 2회 촘촘하게 바느질해서 끈에 고정하고 당겨 잘라요.

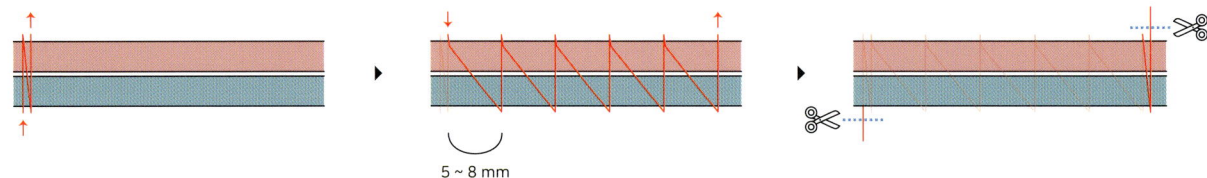

5 ~ 8 mm

◆ 심지넣고 연결하기

다회의 심지 공간에 한지 심지를 끼우고 다회의 단면을 서로 붙여 연결하는 방법이에요. 끈에 풀 바른 한지를 감아 붙이고 잘라요. 양쪽 심지 공간에 각각 1 cm 정도 송곳 끝으로 풀을 바르면서 공간을 넓혀요. 심지 공간에 한지 심지를 넣고 다회의 단면이 서로 맞닿도록 양쪽에서 밀어 붙여요. 심지에 수평, 수직 방향으로 바느질하고 남은 실은 당겨 잘라요.

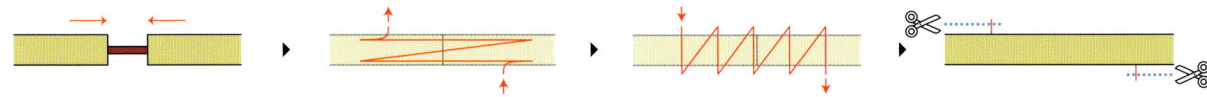

+ 한지 심지는 풀 바른 한지를 1.5 mm 정도 굵기로 돌돌 말고 비틀어 건조시켜요. 풀이 마르면 1.5 cm 정도 또는 필요한 길이로 잘라 사용해요.

되 돌 리 기

◈ 끈목을 매듭의 몸판에 통과시켜 되돌리는 방법이에요. 되돌리는 끈의 끝부분에 풀 바른 한지나 테이프를 뾰족하고 단단하게 감아요. 매듭을 이루고 있는 끈이 손상되지 않도록 주의하며, 송곳을 사용해서 끈과 끈 사이의 공간을 넓혀요. 넓어진 공간으로 끈을 되돌리고 매듭을 조여요. 되돌린 끈이 빠지지 않도록 몸판과 함께 바느질해요.

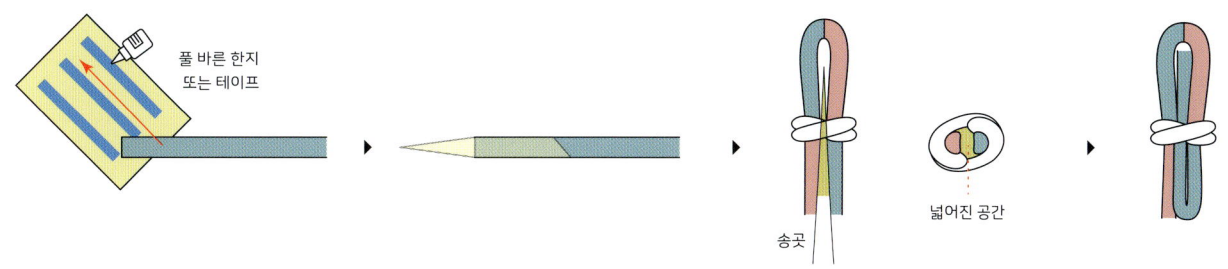

+ 바느질

끈에 1 ~ 2회 바느질해서 실을 고정해요. 되돌린 끈이 매듭 몸판에서 빠지지 않도록 수직, 수평 방향으로 바느질해요. 바느질 횟수는 끈목의 굵기나 매듭의 크기 등에 따라 조절해요. 남은 실은 1 ~ 2회 정도 촘촘하게 바느질해서 고정하고 당겨 잘라 완성해요.

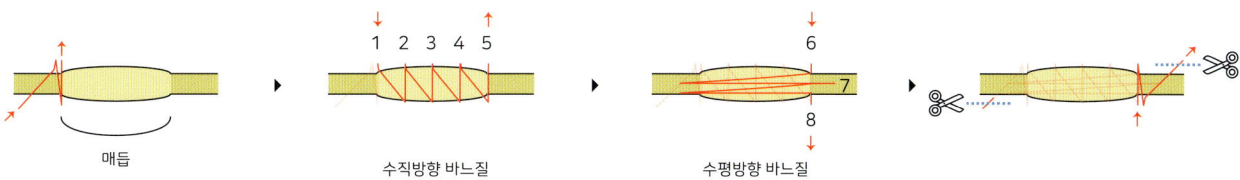

175

벼 나 사

◆ 완성된 소품에 장식효과를 더하는 작업으로 주로 끈과 보색을 이루는 실이나 금·은사를 끈에 돌려 감는 기법이에요. 벼나사를 감기 위해서는 '끈', 벼나사를 감는 '색실 (30 cm 이상)', '되돌리는 실(20 cm 정도)'을 준비해요. 되돌리는 실은 반으로 접고 가운데를 묶어요. 왼손으로 끈과 색실, 되돌리는 실을 모두 잡아요. 오른손으로 색실의 왼쪽 부분(감는 부분)을 잡고 끈과 색실, 되돌리는 실을 모두 감싸며, 왼쪽에서 오른쪽 방향으로 촘촘하게 감아요. 일정 길이만큼 감으면 감던 색실을 되돌리는 실의 고에 걸어요. 되돌리는 실의 왼쪽 부분을 잡고 당겨서 감던 색실을 왼쪽으로 빼내요. 색실의 양쪽 끝을 동시에 당기고 벼나사 부분이 빈틈없이 나란하게 정렬되도록 매만져요. 양쪽 끈을 단단히 당기고 남은 실은 바투 잘라요.

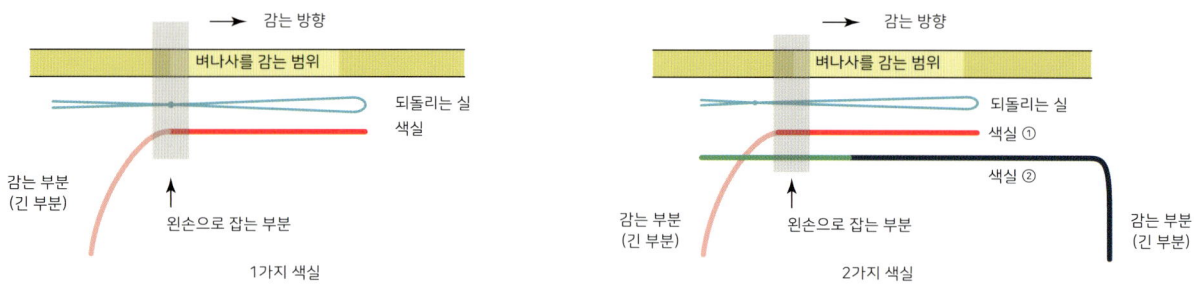

+ 양쪽에 남은 벼나사 실을 1 ~ 2회 바느질해서 끈에 고정하고 자르거나 먼저 바느질해서 실을 고정하고 벼나사를 감기도 해요.

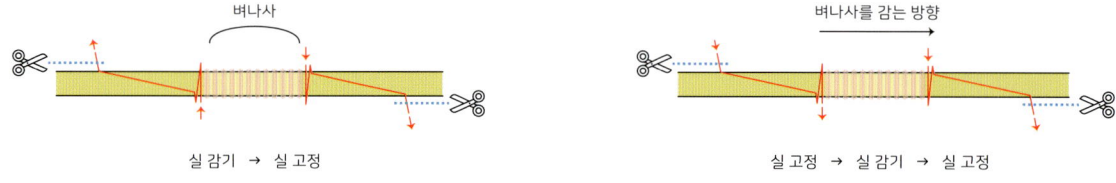

벼 나 사

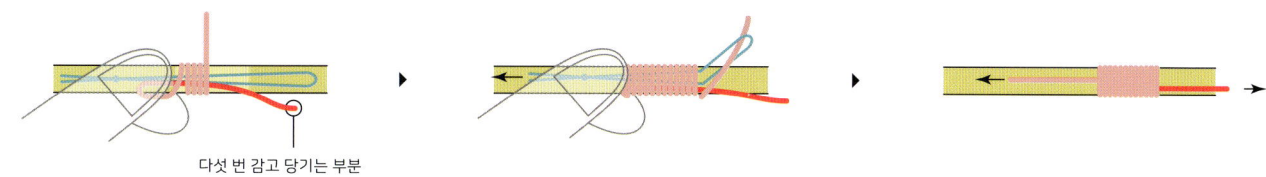

◆ 1가지 색실

색실을 다섯 번 정도 감고, 오른쪽 부분을 당겨 고정시켜요. 일정 길이만큼 감으면 되돌리는 실의 고에 감던 부분을 걸고 되돌리는 실을 당겨 색실을 왼쪽으로 빼내요. 색실의 양쪽을 당겨 벼나사를 정렬하고 남은 실은 잘라요.

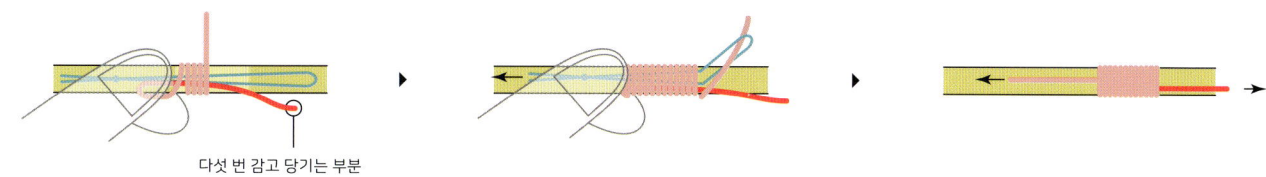

다섯 번 감고 당기는 부분

◆ 2가지 색실

끈과 색실, 되돌리는 실을 모두 잡아요. 색실 ①(처음 감는 실)은 감는 부분을 왼쪽에 두고, 색실 ②(두 번째 감는 실)는 감는 부분을 오른쪽에 두고 잡아요. 색실 ①로 전체를 감싸며 다섯 번 정도 감고 실을 당겨 고정한 후 일정 길이만큼 더 감아요. 계속해서 색실 ②로 전체를 감싸며 일정 길이만큼 감아요. 다시 색실 ①로 일정 길이만큼 감으면 되돌리는 실의 고에 감던 색실 ①을 걸고 되돌리는 실을 당겨 왼쪽으로 빼내요. 색실의 양쪽을 당겨 정렬하고 남은 실은 잘라요.

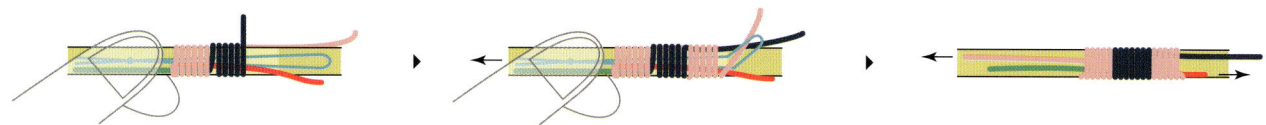

+ 벼나사의 길이가 긴 경우에는 완성 길이 5 mm 정도 전부터 되돌리는 실을 함께 잡고 감아요. 일정 길이를 더 감고, 감던 실을 되돌리는 실의 고에 걸어 되돌려요. 남은 실은 잘라요.

◈ 밀착형

    장식을 끈에 틈없이 고정하는 방법이에요. 끈에 1 ~ 2회 바느질해서 실을 고정해요. 바늘을 장식용 구슬에 통과시키고 끈에 다시 통과시켜 구슬을 달아요. 구형 구슬을 달 때는 구슬 구멍이 끈과 평행하도록 달고, 맷돌형 구슬을 달 때는 구슬 구멍이 끈과 수직이 되도록 달아 실이 열십(+)자 모양으로 보이도록 해요. 연속해서 구슬을 다는 경우에는 실이 보이지 않도록 끈 내부로 바늘을 이동시켜 장식을 달아요. 남은 실은 끈에 1 ~ 2회 정도 촘촘하게 바느질해서 고정하고 당겨 잘라요.

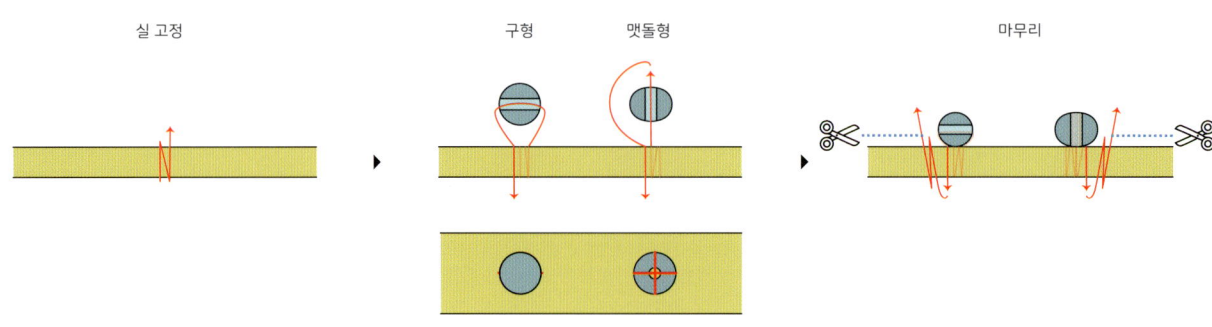

실 고정   구형   맷돌형   마무리

장   식

◆ 보요형

장식이 유연하게 흔들릴 수 있도록 다는 방법으로 끈과 장식 사이에 일정 공간이 유지되도록 실기둥을 만들어요. 끈에 1 ~ 2회 바느질해서 실을 고정해요. 고정된 실에 장식을 걸고 끈에 다시 1 ~ 2회 통과시켜 장식을 달아요. 바늘을 장식이 달린 방향으로 빼내고 장식을 단 실에 2 ~ 3회 돌려감아 실기둥을 만들어요. 남은 실은 끈에 1 ~ 2회 정도 촘촘하게 바느질해서 고정하고 당겨 잘라요.

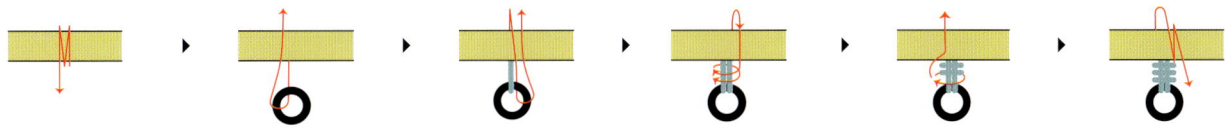

풀 쑤 기

◈ 밀가루와 물을 섞어 용도에 맞는 풀을 제작하는 방법이에요. 풀은 풀칠을 하는 된 풀과 풀 먹이기에 사용되는 묽은 풀이 있어요. 밀가루와 물의 비율은 풀칠용이 1 : 5 정도, 풀 먹이기용이 1 : 10 정도예요.

된 풀과 묽은 풀을 만드는 방법은 동일해요. 밀가루와 물을 냄비에 넣고 잘 저어 섞어요. 눌러 붙지 않도록 계속 저으면서 중불에서 끓여요. 풀이 끓으면 약불로 줄여요. 약불에서 2 ~ 3분 정도 저으면서 끓이고 불을 꺼요. 1 ~ 2분 정도 더 저어 풀을 완성해요.

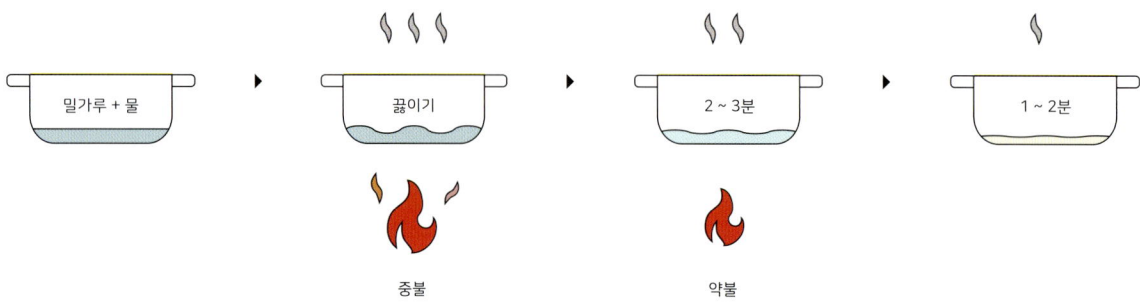

김 쐬기

◈ 김 쐬기는 변형된 끈이나 실을 다시 펴주는 과정이에요. 물이 끓으면서 올라오는 증기를 끈이나 실에 직접 쐬어 구김이나 꼬임을 펴주고 형태를 고정시켜요. 김이 올라오는 입구나 물을 끓이는 기물에 손이 가까이 닿지 않도록 항상 주의해요.

냄비나 주전자에 물을 1/3 이하로 채우고 완전히 끓여 김이 올라오면 약불로 줄이고 다회에 충분히 김을 쐬어가며 모양을 잡아요. 김 쐬기는 1회 1 ~ 2분 정도 진행하고 필요에 따라 2 ~ 3회 더 반복해요.

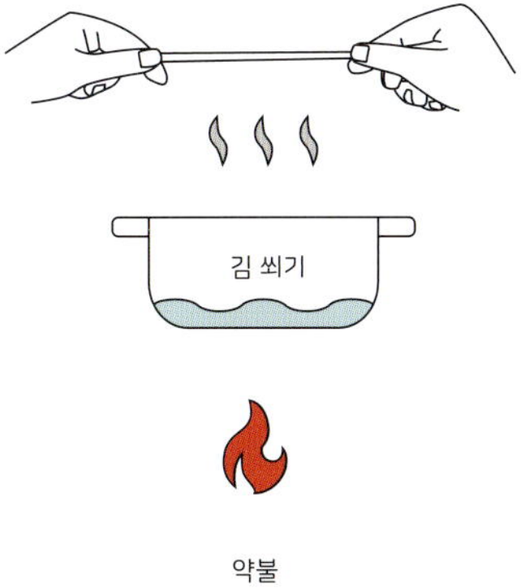

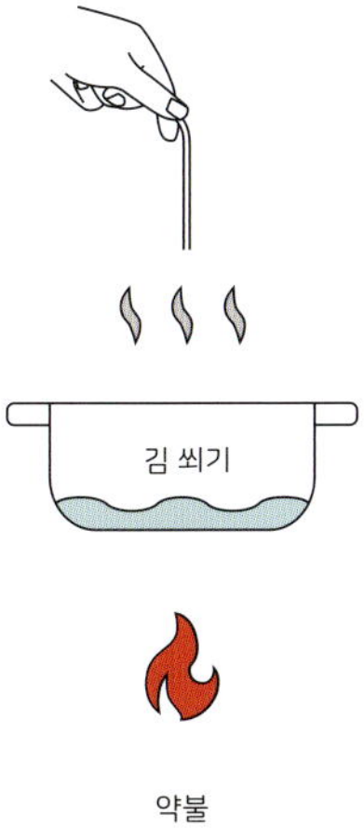

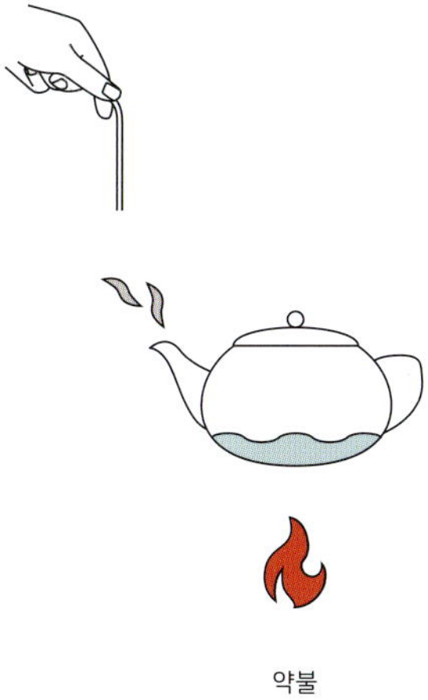

토 짝 만 들 기

◆ 일반적으로 토짝은 25 ~ 50g 정도의 장구모양으로 찰흙이나 나무로 제작해요. 찰흙으로 만드는 토짝은 찰흙을 일정 무게로 소분한 후 손으로 주물러 원기둥 모양을 만들어요. 가운데 부분을 손이나 도구를 사용하여 잘록하게 밀어넣어 장구형태를 만들어요. 서늘한 곳에서 2~3일 건조시킨 후 완전히 건조된 토짝에 한지를 붙여 완성해요. 나무로 만드는 토짝은 나무를 장구모양으로 깎고 무게 조절용 금속심을 넣어 제작해요.

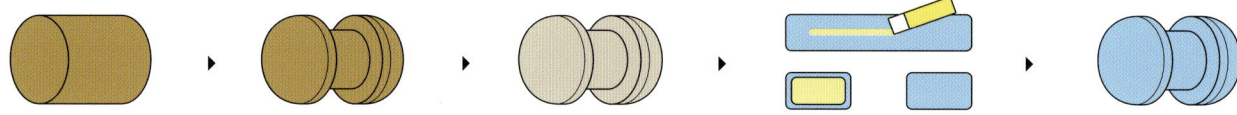

송 곳 잡 기

◆ 송곳을 사용하는 범위는 목적에 따라 차이가 있으며, 각별히 주의하여 사용하세요. 매듭을 줄이거나 조일 때는 가능한 짧게 잡고 사용해야 해요. 길게 잡으면 힘조절이 어려워 다칠 위험이 있고 끈을 손상시킬 수 있어요. 끈을 되돌리기 위해 심지 공간이나 매듭 몸판의 공간을 넓힐 때는 많은 힘을 필요로 하지 않기 때문에 충분히 공간이 넓어질 수 있도록 송곳을 길게 잡아요.

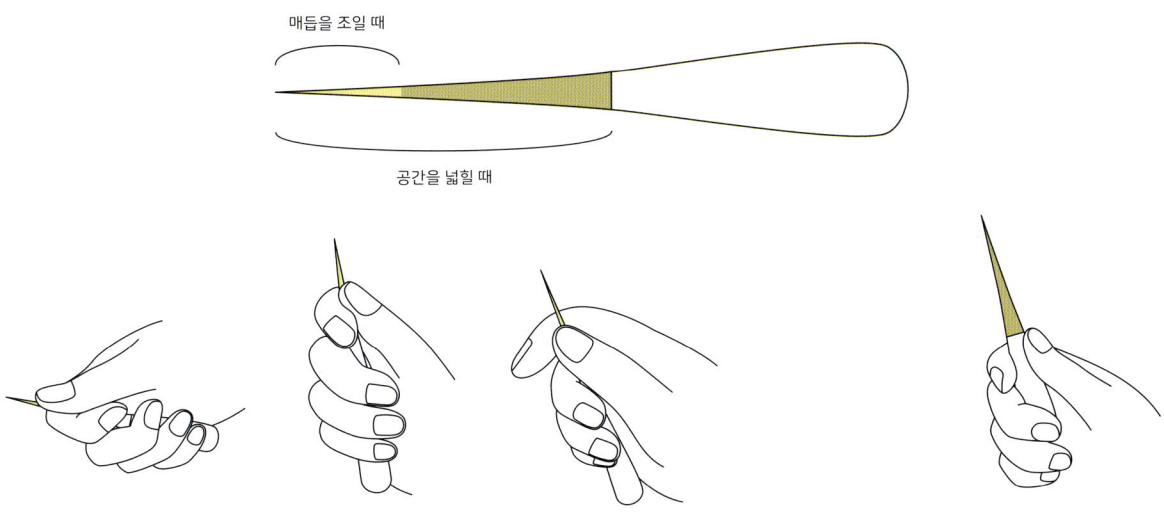

매듭을 조일 때

공간을 넓힐 때

매듭을 줄이거나 조일 때

심지 공간이나
매듭 몸판의 공간을 넓힐 때

찾 아 보 기

New in History

찬찬히 마음을 담아 진정한 가치를 만드는 채화원은
아름다운 한국전통문화를 사랑하고 아끼는 사람들이 한마음으로
전통공예기법을 전승·발전시키고 있습니다.

우수한 심미성과 조형미를 갖춘 우리 전통공예품의 제작기술이
소중한 문화유산으로 지켜지며 오래도록 영속될 수 있도록 노력하고 있습니다.

더불어 사는 삶을 중시하며 우리 전통을 지키는 채화원은
온고지신(溫故知新), 이용후생(利用厚生)을 실천하며
공예기술의 전승이 나눔과 소통의 기쁨이 되도록 연구·개발하고 있습니다.

손끝으로 치는 한국다회 DIY

◆　　저자　　　　　백지선
◆　　감수　　　　　채주원
◆　　기획　　　　　백지선
◆　　편집·디자인　　백지선, 백경은

◆　　발행일　　　　2020년 12월 30일 초판 1쇄
◆　　발행인　　　　채주원
◆　　발행처　　　　채화원 (출판등록 : 2018년 6월 8일 제2018-000003호)
　　　　　　　　　　주소 : 울산광역시 울주군 범서읍 구영로 75-9
　　　　　　　　　　전화 : 070-7798-5585
　　　　　　　　　　이메일 : chwchaecie@gmail.com

◆　　ISBN　　　　979-11-973177-0-5 02630

이 도서의 국립중앙도서관 출판예정도서목록(CIP)은 서지정보유통지원시스템 홈페이지(http://seoji.nl.go.kr)와
국가자료종합목록 구축시스템(http://kolis-net.nl.go.kr)에서 이용하실 수 있습니다.
(CIP제어번호 : CIP2020054807)

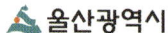

본 도서는 울산문화재단 2020 비대면 예술창작활동 지원사업의 일환으로
인쇄비의 일부를 지원받아 발간되었습니다.